吴甘霖为华侨城集团培训中高层管理者

吴甘霖为江苏省新华书店全省干部进行"做最好的中层"讲座

吴甘霖为国家电网进行"做最好的中层"讲座

吴甘霖为日本著名企业 THK 培训中国区中层管理者

吴甘霖为上海联通做"做最好的中层"培训

吴甘霖为中国药材集团培训，管理干部人手一册《做最好的中层》

吴甘霖为内蒙职业经理人开设"做最好的中层管理者"高峰论坛

吴甘霖为清华大学财务总监班进行"做最好的中层"培训

做最好的中层

（升级版）

吴甘霖　邓小兰

著

《中层管理者核心能力建设丛书》总序

把中层打造为单位的真正栋梁

吴甘霖　邓小兰

我们为什么要写作和出版这样一套丛书呢？这套丛书为什么格外值得你重视？这主要是因为：提高中层管理者的核心能力，对于中国企事业单位不仅具有十分重要的必要性，而且还有着巨大的紧迫性。

第一，单位团队建设，重中之重是中层。

团队建设，决定每个单位的战斗力。中层管理者在单位起到承上启下的作用。只有中层管理打造好了，整个单位的团队建设才做得好。所以，任何有眼光、发展快的单位，都把中层队伍的建设，作为团队建设的重中之重来对待。

第二，聪明领导带队伍，首先必须抓中层。

所谓"兵熊熊一个，将熊熊一窝"。带队伍时，聪明的领导往往会按照组织行为学的原理，重点把中层抓好。因为他们明白："兵易募而将难求"，所以，"必先求将而后选兵，必先练将而后练兵"，"培养好了1个中层干部，胜过直接去提升10个甚至100个基层员工"。

第三，实现自我超越，最需突破的是中层。

中层如此重要，但遗憾的是，不少中层干部难以满足单位与领导的要求。在高级董事长和总裁培训班上，不少单位的一把手说自己最苦恼的事情之一，就是"独上高楼蓦然回首，中层干部都落伍"。这种单位需求与中层能力素养之间的脱节，往往成了制约单位发展的瓶颈。只有突破这一瓶颈，单位的绩效和组织文化建设才能有大的提升。

第四，中层本身有不少苦恼，也有自我提升的强烈愿望。

中层不像高层有较多的外出充电机会，同时事务繁多，而且还需要考虑如何处理好上级、同级、下级各方面的关系，经常会有"夹心饼"的感觉，感到力不从心。这时候，他们的心里是苦恼的，对如何进一步提升管理能力也有着极为迫切的渴望。

综上所述，中层管理的核心能力建设，与单位的发展和团队的战斗力提升密切相关，符合中层管理者渴求全面提升自己的要求，也格外受到单位领导的重视。因此，出版一套全方位提高中层管理者核心能力的丛书，实在太有必要。正是为了满足这样的需求，我们推出了这一套《中层管理者核心能力建设丛书》。

我们认为，既然是管理学的作品，就应该让广大中层管理者接受并喜欢，就必须既"好读"又"管用"。于是，在写作方式上，我们注意体现如下特点：

第一，观点鲜明而且有新意，尽量避免套话、空话。

如"要做好干部，先当负责人""执行力 = 自觉力 ×（思考力 + 落实力）""要当'有用之才'，更当'好用之才'""100-1=0"等许多观点，都是我们这套丛书首次提出的。

第二，案例鲜活而生动。

我们曾进行多年的MBA教学，并为不少党政机关及知名集团授课，深感案例教学不仅能深深吸引大家，而且能触发人的思考。因此在写作本丛书的过程中，我们格外重视采用大量鲜活而生动的案例。这些案例都与广大中层管理者关心的问题挂钩，大家可从中学习到大量实用的经验和教训，少走弯路。

第三，针对性强，方法实在管用。

本丛书立足于解决问题，强调操作性，内容非常接地气。如《做最好的中层》中，针对让中层管理者经常苦恼的"如何与上级沟通"，就提出了"读懂上级的'三心'期望""向上级提意见时，请带上你的解决方案""有效修复与上级关系的裂痕"等多种方法，等等。再如《做最好的干部》中"炼能力：提高素养，肯做事还得会做事"一章，围绕习近平提出的干部应该具备的统筹兼顾、开拓创新、知人善任、应对风险、维护稳定以及同媒体打交道等六大能力，提出了许多有效方法。再如《做最好的执行者》的第二单元"抓而不紧，等于不抓"，讲的是"最好的执行者怎样把工作抓实"，就从"接受任务不走样""四招消灭'想当然'""强化结果思维，确保执行到位"等多方面提供有效的方法，真正做到执行到位、落实到位。

这套丛书，既互为补充，又相对独立。三本书的不同侧重点如下：

《做最好的中层》——这是一本全面认知中层管理者角色，让其从境界到能力都得到提升的著作。紧紧围绕中层管理者要处理的各种关系（与上级、下级、同级）及方方面面要解决的问题，全面提升相关素养。

《做最好的执行者》——中层主要就是执行层，所谓执行，就是"如何完成任务的学问"。广大中层管理者通过本书的学习，不仅能更好地按时、按质、按量完成任务，而且有时还能达到"期望二，做到十"的效果。当然，执行者不仅包括中层，也包括基层。本书中的内容同样适合基层执行者学习。

《做最好的干部》——这是迄今为止对中国干部进行职业化建设培训内容最全面的一本著作，适合各行业干部学习，更为偏向党政系统的干部培训，尤其对落实党的十九大精神和习近平关于干部建设精神，造就忠诚干净和有担当的高素质专业化干部队伍有具体的借鉴作用。

应该说明的是，这三本书都是原来出版过且产生强烈反响的著作。如《做最好的中层》，有相当一段时期名列中层管理者培训读物榜首。三本书有关的课程，也曾在各地不少党政机关及知名集团讲授。随着中层干部建设越来越受到各单位重视，对中层管理者提出更高要求，要求我们重新出版这三本书的呼声也越来越强烈。

是的，这套丛书是不断响应上述呼声而再版的。但需要说明的是，我们并非将这三本书简单放到一起，而是根据中层管理当下面临的问题与需求，对原书进行了大幅度改写和提升，不仅删减不少过时的内容，增加许多新观点、新方法和案例，而且每一本都各有侧重，互为补充。读者可以根据自己的需求，既可全部阅读，也可有选择地阅读，既能全面掌握中层管理者的各种核心素养，又能补足短项，更快地突破与提升。

我们真诚地希望，这是一套既能让广大中层管理者喜欢又对他们有实际帮助的丛书。

毛泽东曾明确提出："政治路线确定之后，干部就是决定的因素。"中层管理者对各行各业事业的发展至关重要。我们真诚地期望，各个单位都能进一步重视中层管理者的核心能力建设，使中层成为单位的真正栋梁。

2019 年 3 月写于北京

目 录

第一单元 最好的中层怎样想

第一章 是"夹心饼",更是栋梁

一、大境界才有大发展 · 003
二、想当好管理者,先当好被管理者 · 012
三、"大柔非柔,至刚无刚" · 016
四、有多大的担当,就能有多大的作为 · 021

第二章 要忠,还要能?

一、一流 = 忠诚 + 能力 · 028
二、要恃才助上,不要恃才傲上 · 033
三、要忠,但不要愚忠 · 040
四、好中层决不能当"老好人" · 044
五、让敬业精神与高效方法结缘 · 050

第三章　是领头羊，更是指挥家

一、勇当下级学习的"标杆"　· 057
二、完成从"独行侠"到"指挥家"的转换　· 061
三、关心所有人，关注几个人　· 069
四、用活奖罚两根指挥棒　· 073

第二单元　最好的中层怎样做

第一章　与上级有效沟通

一、读懂上级的"三心"期望　· 081
二、下级更要当有效沟通的主人　· 083
三、重视"印象统治着世界"　· 089
四、提意见时，请带上你的解决方案　· 094
五、让自己的意见更易被领导采纳的方法　· 098
六、有效修复与上级关系的裂痕　· 106
七、重视"暗试比明试更重要"　· 111

第二章　保证完成任务

一、梦想写在沙滩上，目标刻在岩石上 · 116
二、有条件要执行，没有条件创造条件执行 · 123
三、会布置，更要会落实 · 126
四、善于借用多种力量 · 132
五、不犯"先穿鞋子后穿袜子"的错误 · 136

第三章　做解决问题的高手

一、别害怕和躲避问题，问题恰恰是机会 · 142
二、"问题只会有一个，方法却有千万条" · 146
三、成功 = 捷径 + 苦干 · 150
四、重视"找方法的方法" · 154
五、让"正反合思维"帮你把关 · 159
六、解决问题的高效法则：删除、合并、替代 · 164

第四章　打造一流高绩效团队

一、将个人高效提升为团队高效 · 169
二、以红军的精神塑造团队 · 175
三、让平凡人做出不平凡的业绩 · 180
四、以更有效的方法代替简单推动 · 187

第三单元 最好的中层怎样超越

第一章 超越你的优秀

一、"优秀是卓越的大敌" · 194

二、要想不断发展，就得拥有"空杯心态" · 199

三、以四大"不要"，打造一流中层 · 207

第二章 超越你的部门

一、多一点理解沟通，少一点指责抱怨 · 220

二、要大团队，不要小团体 · 225

三、培养环境的"第三只眼" · 230

第三章　超越你的位置

一、单位只为你的"使用价值"买单　·　236

二、赢得上级重视的"三于"理论　·　242

三、不仅满足要求，更要超乎期望　·　253

四、标准要高，姿态要低　·　257

第一单元　最好的中层怎样想

第一章　是"夹心饼"，更是栋梁

一、大境界才有大发展
二、要当好管理者，先当好被管理者
三、"大柔非柔，至刚无刚"
四、有多大的担当，就能有多大的作为

"什么是中层？"

在一次为企业中层管理人员做培训时，我问了在座学员一个问题。

学员的回答五花八门。这时，人群中突然冒出一个声音：

"中层是'夹心饼'！"

此语一出，顿时引起了全场的大笑。

大家的笑，一是觉得这个比喻有意思，二是对此深有同感，纷纷议论并总结说：

中层有三苦——

一苦——得不到上级的信任；

二苦——得不到下级的拥护；

三苦——得不到同级的支持和配合。

作为中层，你是否也深有同感呢？

的确，说中层是"夹心饼"似乎一点也不过分。

如果工作严厉认真，很容易积怨于下，引起下属的不满，甚至被暗中称为老板的"打手"；

但如果对下属很宽容，工作效率和质量往往又会大打折扣，因此积怨于上，甚至被扣上"缺乏管理和领导能力"的帽子，搞不好还会因此丢了饭碗；

有些中层为了既不积怨于下，又不积怨于上，只是拼命将责任和一些本应由下属去完成的工作往自己身上扛。这样一来，工作虽然完成得保质保量，但却因此造就了一支松懈、不思进取的团队，最后的结局仍然是费力不讨好。

真是顾得了这头顾不了那头，左右为难，两边受气！

作为中层，或许你会感叹：

"中层真是最吃力不讨好的角色。"

但是，经过我们多年来对企业案例的研究、分析后，却发现事实并非如此。我们将中层分为3种：

一流的中层，将自己当成栋梁，是公司的中流砥柱，主动担起公司的重任；

二流的中层，将自己当作"夹心饼"，被动地完成任务；

末流的中层，处处埋怨，只会发牢骚，最终一事无成。

你属于哪种中层？你又希望成为哪种中层？

毫无疑问，一个真正对自己负责的中层，会选择做一流的中层。因为一流的中层，是最有价值也最有发展前景的中层！

那么，从现在起，你要抛开所有的抱怨，改变认知方式，将中层不再看作是"夹心饼"，而是要通过自己全方位的提升，让自己变为真正的栋梁。

一、大境界才有大发展

中层管理者的发展靠什么？

能力？才华？勤勉……

诚然，这些都与中层的发展有着紧密的联系，但却并不是根本因素。

那么，什么才是决定中层管理者发展的根本因素呢？

经过对世界一流管理者的分析、研究，我们发现，有很多高层都是从中层成长起来的。

他们虽然性格、喜好、行事方法各有不同，甚至风格迥异，但有一点却是相同的：

拥有大境界！

我们不妨从两个有代表性的人物进行分析。

一个是阿里巴巴董事长马云的接班人张勇。

一个是曾经几乎成为华为创始人任正非接班人的"废太子"李一男。

2018年，中国经济界最轰动的事件之一，就是阿里巴巴的董事长马云宣布即将退位，要把董事长的职位给张勇。

许多人对为什么是张勇成为马云的接班人十分好奇。张勇被一些人评为"和马云一点也不像的人"，他既非最初与马云一同开始创业的"十八罗汉"，也非进阿里巴巴时起点很高的人，刚入职时也就是一个中层干部。怎么就赢得了马云的青睐，要把这么大的企业交给他，让他担任"船长"呢？

通过对张勇进入阿里巴巴后的发展进行研究，我们会发现他的确有着不少让中层干部们借鉴和学习的地方：

首先，他是一个融入团队能力很强的人。

十年前，张勇刚从盛大跳槽到阿里，担任阿里巴巴的一个中层干部。

有次开会，时任阿里董事局主席兼CEO的马云问一众高管，谁是MBA，他举手；又问，谁是职业经理人，他又举手。后来他才知道，这是马云最讨厌的两类人。

马云之所以讨厌这两种人，并不是对这两种人有职业上的偏见，而是不喜欢华而不实和不负责任。懂得了这一点后，张勇就没有因为自己原来那两个在许多外人看起来闪光的"标签"而表现出任何优越感，更没有因为马云这样的表示而抱怨。而是埋头干事，以实实在在的业绩说话。

这样一来，马云越来越认可他。直到后来，甚至一些大的项目方面也让他拍板定夺。比如，他进入阿里巴巴后的第9年，阿里入股高鑫零售，花了224亿港元，收购的主角之一是大润发中国董事长黄明端，自始至终，谈判对象都是张勇。

张勇的做法，给不少中层提供了好的借鉴。有些干部，一到新单位，就急于突出自己。也有些干部，一旦领导对自己有什么否定，就容易感到委屈和气愤。假如他们能像张勇这样，以平静的态度对待，做好自己的事情，就能避免与领导和团队其他成员产生抵触，就更容易被上级领导认可。

同时，他是一个能够迎接挑战，越是困难的地方越去挑战的人。

回到马云说不喜欢职业经理人的话题。马云曾说，阿里不需要职业经理人，谁要把自己当职业经理人，"我一定会干掉他。"

怎么区分一个人是不是职业经理人？马云讲了一个小故事。

他说，有个人上山打野猪，一枪打出去，野猪没死，反倒向那人冲了过来，那人把枪一扔就往山上跑，这个人一定是职业经理人；同样情况，如果那个人看到野猪向自己冲过来，把枪一扔，从腰里拔出柴刀就准备和野猪拼命，这个人一定是老板。

这其实强调的是不管是哪一级别的干部，一定要以主人翁的态度，去帮助单位面对问题、解决问题。那么，张勇是如何做的呢？

他的做法是：单位哪里需要自己，自己就主动上。哪里困难最大，自己就争取上。

张勇来到阿里之后不到一年，赶上了一场席卷全球的金融风暴。当时，做B2B业务的阿里巴巴刚刚赴中国香港上市，金融危机带来的全球经济衰退导致中国出口业务遭受重创，也影响到阿里的未来。

一直在烧钱的淘宝网，此时还没找到自己的盈利模式。

紧急之下，张勇主动请缨，并被委以重任，出任淘宝COO兼任淘宝商城总经理。

他参与设计了淘宝网的商业模式，比如有限度地推出各类品牌广告以及按照点击量或成交付费的效果广告，同时推出各类增值服务、店铺管理工具或店铺装饰工具。

最让人难忘的，是他与团队成员认真合作，在2009年推展开了"双十一"购物节，这成了张勇营销上的神来之笔。尽管最初淘宝商城中只有李宁、联想、飞利浦等27个商户参加，但是超乎所有人预想，整个平台交易额是5200万元，达到当时日常交易的10倍左右。

这一年年底，淘宝实现盈利，阿里也实现了从不盈利到盈利的突破。

到了2011年"双十一"，阿里的成交额上升到52亿元，其中淘宝商城（天猫）贡献了33.6亿元。

2012年年初，淘宝商城更名为"天猫"，据说这个名字是马云坐在马桶上想出来的。这一年的"双十一"震撼了所有人：当日交易额191亿元，其中天猫成交额132亿元。而"双十一"也不再是这家中国最大电子商务公司的品牌活动和网络促销，张勇说："几乎所有商业形态都全民总动员了……'双十一'已经开始从一个线上的消费者的活动，变成了一个整体的消费者的节日，它不再是属于电子商务的一个节日，它是属于消费者的节日。"

之后，张勇一次次迎难而上，主动做出一份份突出的业绩。他不仅没有成为马云口中遇到危险就会"逃跑"的职业经理人，反而在不止一次的困难中成为"拔出柴刀和野猪拼命的人"，让大家看到了他的勇气与担当。

此外，他是一个能够与上级形成互补的人。

在内部开会时，张勇喜欢说，战略是干出来的。被要求总结自己的风格时，他说，阿里巴巴的风格是"天马行空，脚踏实地"，"马总天马行空多些，而我的风格是脚踏实地多些。"但这并不表示张勇

第一章 是"夹心饼",更是栋梁

只是一个对细节和执行有偏执追求的实干家,对战略的思考就不多,只是他更多地尊重马云的意见,帮助他把重要的决策落到实处,一句话,他做好了一个执行者的角色。

还有,他是一个让周围的人包括普通员工都很佩服的人。

据报道,张勇的睡眠时间,可能是阿里员工里最少的,在阿里内网中,员工给张勇贴得最多的一个标签,是"比我聪明还比我勤奋"。至于他个性中的内敛、谦虚,让人更容易接受,就更不必说了。

综上所述,张勇是一个把个人完全融入团队,将个人能力完全体现在为单位贡献业绩和成果上,是一个把做事和做人紧密结合起来,让他的上级和其他团队成员都信任和佩服的人。

这样的干部,从他的言谈举止中,绝对看不到"夹心饼"的心态。他所体现出的,处处都是栋梁的风范!他从中层被提拔到高层,担任这么重要的职务,应该是顺理成章的了。

与此形成鲜明对比的是华为的前副总裁李一男。

李一男15岁就考上了大学,被誉为"天才少年"。1993年,李一男正式加入华为,两天升为工程师,半个月升为主任工程师,半年升为副总经理,27岁成为华为副总裁。

李一男凭着极为出色的技术能力,以及对技术发展趋势和产品走向的超强敏感和把握力,为华为打开市场起到了关键性的作用,深受总裁任正非的赏识,曾经被任正非当成"接班人"来培养,有不少人已经把他当成"华为太子"来看待。

但与此同时,他个性上的弱点也显露无遗,最突出的表现就是以自我为中心。"性格叛逆""直接""集科学天才和处世弱智于一体",这是许多人对他的评价。对上级,他可以不买账;对下级,他的管理作风更是粗暴。有一次,李一男和同事去山东答标,客户问华为的基站冬天在山东是否能用,华为的一位技术人员回答说没问题,华为在中国内蒙古的实验局,在大雪纷飞的时候都用得好好的。

但李一男对这样的回答却非常生气,他觉得应该准确到零下几十度,于是在会上直接指责技术人员,并让他马上从华为离职!

而事实上,当时这样的数据未必有,即使有,也不一定准确。

本来,假如他能及时发现自己的问题并改进,在华为这个大平台中,他一定会前途无量,但是他根本看不清自己的角色,时刻体现"唯我独尊",到后来他干脆离开华为自己创业,建立一家名叫港湾的公司。

这其实无可厚非。但他做得格外过分,违背有关约定,直接与华为成为竞争对手。华为只好成立"打港办",专门针对港湾实施一系列政策。李一男本想让港湾上市,但在华为的一系列措施下,港湾很快陷入困境,上市梦最终破灭。

后来,李一男再次回到华为,还是副总裁。如果他懂得反思和改进自己,这是一个完全可以重新站起、重新出发的机会。但他没有,过一段时间又离开了。

他曾加入过百度、移动……但因为各种原因,最终都黯然离开。后来,已经45岁的李一男再次创业,创办了北京牛电科技有限公司,打算用最好的材料和技术推出一款中国最牛的电动车。但就在小牛电动车发布两天后,李一男被抓,罪名是利用内部消息炒股,与家人获利700多万元。最终,李一男获刑2年6个月。

一个年少有为的科技天才,曾经被任正非当成"接班人"来培养,落到这个境地,真的是让人遗憾又痛心。现在,华为在中国乃至在世界科技界和经济界,已有着如此重要的地位。但是这一切,与这位曾经的华为副总裁,已经毫不相干了。这样的教训,难道不值得他本人痛苦思考,也值得广大的中层干部借鉴吗?

把张勇与李一男做对比，中层干部们也许可以得到如下启示：

（一）单位靠前，自我靠后

也就是说，在遇到个人利益与单位利益相矛盾、个人价值与单位价值有所冲突的时候，应选择将单位利益和价值靠前，自我利益和价值退后。

在任何一个领导者眼中，这样的中层，必是最值得委以重任的。在任何一个团队成员眼中，这样的中层也是最值得佩服的。

张勇在阿里巴巴的做法，就是这样的。他总是在单位最需要的地方出现，与此相反，李一男的做法恰成对比。当华为能满足其利益时，他就能充分发挥才能。但是他的心态很快就膨胀，甚至离开之后，还与华为直接对着干。这样的做法，任何人都会觉得不厚道，他不被同情是理所当然的了。

（二）要有影响力，先有适应力

微软创始人比尔·盖茨曾写给大学毕业生11条人生格言，其中的第一条就是：

"这世界是不公平的，要学会适应它。"

这句话引人深思。要知道，比尔·盖茨是在高科技时代，带领团队改变世界的人。照一般人的思维，他似乎应该摆出一副"大家跟我冲"的形象，去给世界最大的影响，但他竟然要大家首先培养适应力。

这说明什么？说明适应力是打造影响力的前提——

要有影响力，先有适应力！

这就是张勇与李一男的不同。张勇首先强调的就是自己如何适应阿里巴巴、适应马云，而李一男却对适应华为、适应任正非甚至适应团队其他成员，不屑一顾。

这两种不同的做法，让他们各自的生存环境、发展环境必然产生质的区别。

是的，一个人的能力固然重要，这就好像自己是一粒好的种子。但是再好的种子也得有好的生存环境、发展环境。适应力强的干部，因为能改善自己的生存和发展环境，就好像种子能在肥沃的土地上茁壮成长，甚至还长成参天大树。而适应力差的干部，反而会破坏环境。即使自己是一粒好种子，但在贫瘠的土地上甚至是石头上生长，又能有什么出息呢？

（三）改突出自我为礼让"他人"

所有进入组织的人，都必须重视团队关系。对干部尤其如此。他应该突出的是团队，而不是个人。

著名的美国橄榄球教练保罗·贝尔，曾带领队伍取得一个又一个胜利。在总结其经验时，他说：

"如果有什么事办糟了，那一定是我做的；如果有什么差强人意的事，那是我们一起做的；如果有什么事做得很好，那么一定是球员做的。这就是使球员为你赢得比赛的所有秘诀。"

这是一种高素质的干部风范，这种与下属共享荣誉的精神鼓励了球队的每一个人。有错误承担责任，把最好的荣誉让给别人，这种担当与心胸，怎不叫人心服口服？相比之下，李一男那种处处突出自我的做法，又怎能让人心服与追随呢？

（四）学做"第五级领导"

著名的管理学家吉姆·柯林斯，研究了上千个公司兴衰成败的案例，出版了《从优秀到卓越》一书，书中阐述了一种全新的观点：每一家实现跨越的企业都有一个所谓的"第五级领导"。这些领导方式有着不同的层次，第一级是个人能力，第二级是团队技能，第三级是管理技能，第四级是领导力，兼具团队精神和个人能力。

除此之外，更高的一层，就是"第五级领导"——就是兼备谦逊品质和雄心壮志的领导。

吉姆·柯林斯的总结十分值得中层管理人员重视。对中层而言，有雄心壮志的不在少数，但是要把谦逊的品格同时与之结合，这的确是一份看起来很有挑战性的工作，值得学习。

（五）高度重视"管理的境界"

这是最重要的一点，与上面几点也密切相关。

我们且来看现代管理学之父彼得·德鲁克的精彩观点：

"一个人，如果只在乎自己的权威、面子、利益，那么不管他在单位里位置有多高，他也是一个低级管理者。相反，如果一个人首先重视贡献，重视对组织的目标负责，不管他位置有多低，也是一个高级管理者。"

这话十分耐人寻味，让人思考。在管理学大师眼中，"低级""高级"并不是一个地位的概念，而是与境界相关！

是的，要做好的中层干部，要有更大发展，首先要修炼的，就是管理的境界。

因为，大境界才有大发展！

二、想当好管理者，先当好被管理者

中层既是管理者，同时也是被管理者。

中层不仅要带好自己的小团队，同时还要融入整个组织的大团队。

双重角色，决定了中层要想当好管理者，还必须当好被管理者。但更关键的是，任何出色的中层，都是从学会当好被管理者开始的。

（一）"服从为领导之母"

我在一家香港文化传播集团做副总裁时，认识了一位小伙子，当时他只是一名普普通通的服务生。但几年后我再遇到他时，他已成为一家资产几百亿的外国企业的CEO。

当时他正好到内地投资，使得我有机会进一步了解他。

知道他的背景之后，我大吃一惊。他竟然毕业于哈佛商学院。

"你有那么高的学历，为什么当年还会选择去当服务生呢？"

我好奇地问道。

他微笑着回答说：

"因为，首先，我不想省略成功的每一个步骤。尽管我可以选择一个很高的起点，但从最基层开始做起，可以让我熟悉每一个环节，这对于我以后从事管理、做决策是很有用的。

"另外，我读书的哈佛商学院被称为是美国商界的西点军校，我最欣赏西点军校的一个核心理念是——要当好管理者，必须先当好被管理者。"

西点军校以培训军官而闻名。但是，西点军校强调的一个重要理念是"服从为领导之母"，即要把学员们培养为领导，首先是要教育学员学会服从。

在西点军校,学员上的第一堂课,就是学会把自己的个性全部抹除,所有人的名字都统一换成编号,头发剪成同一发型,衣服全部换成校服。

那么,服从从何开始?就是从零开始:明白自己不懂的地方有多少,将自己贬到最低点,而后再重塑。这点,从新生入学的第一天就从多方面体现出来。

男生头发都是理得几近光头,女生则是剪成齐耳短发,便服换成了清一色的灰色T恤、黑色短裤、长黑袜,再加上一双笨重的靴子。

新生训练也教导学员如何行进、着装和进食,有一系列烦琐的行为细则;例如,只能坐椅子的二分之一,不得随意张望,每次只能吃一小口食物,用餐当中不准交谈,等等。

新生的个人欲望已不存在,取而代之的是领导人所要求的团体目标。这一切,对习惯个性解放的美国青年而言,是一种很大的震撼。

但是,不自由是为了更大的自由,学会带着镣铐跳舞,一旦松开镣铐,舞就会跳得更好。西点军校的这种锻炼,最后效果如何,看看其培育了多少优秀的将军和政治家就一目了然了。

西点军校的故事对我们是非常有借鉴意义的,有些管理部门的负责人,他们认为自己功劳最大,最重要,不服管,甚至不服高一级领导的管理。这是十分危险的。

一个组织之所以正常运转,就是有不同的部门在维持。就像一根封闭的自行车链条一样,缺任何一个链环,自行车都不可能正常转动起来。

其实,功劳越大、级别越高的领导人,更应该有被管理的意识,千万不要忽略自己被管理的角色。

在日常的管理工作当中,往往是越重要的管理部门负责人,其被管理的角色意识越差，总想超越被管理者的角色。因为这时一般的管理者是不敢贸然去管理高一级领导的，如果高一级领导再不自觉，又没有角色意识，那问题可就大了。

（二）不管是哪一级别的领导，都得学会"守规矩"

其实，被管理并不是只有你处于下级的位置时，才应该具备的素养。它更深刻的含义是：当你处于管理者的位置时，你也要自觉把自己放到被管理的位置上来——遵守规则。

在大多数人看来，领导者是领导别人的。但是，不管是从抓执行的角度，还是从成为一个优秀领导的角度看，学会尊重别人，尤其学会"守规矩"，是当好领导者的第一步，也是很关键的一步。

著名企业家、前万科董事长王石，是中国企业家中登顶世界最高峰——珠穆朗玛峰的第一人。当年在登珠峰时，发生过这样一件事：

因为从安全的角度考虑，国家体育总局要调整攻顶计划。这样一来，就意味有些队员会失去攻顶的机会。

王石所在的团队是一支由中国登山协会出面组织的商业业余登山队，7名登山队员都是自费参加来攀登珠穆朗玛峰的。

因为是业余登山队，所以他们最有可能被"调整"下去。

但谁都不愿意放弃这样的机会，王石当时情绪也很激动，和登山队队长王勇峰吵了起来。

作为王石的兄弟，又是带领王石从第一座雪山开始、一步步走向珠峰的师傅，王勇峰也因为一下子承受不住委屈和压力，眼泪都下来了。他说：

"你也知道是要保证你们绝对安全，你要这样我就保证不了了，这个队长我不当了！"

第一章 是"夹心饼",更是栋梁

其实王石也知道,尽管平时自己在企业中是老总,但那时,他却只是下级,在那种严酷的环境下,他必须绝对服从上级的命令。

所以发完火之后,他很快就意识到自己的不对,于是道了歉,可尽管如此,他还是觉得很内疚。

第二天,王石正好要洗衣服,为了表达自己的歉意,于是就将王勇峰的袜子翻出来一起洗,正在搓洗着,王勇峰走过来,红着脸就把袜子夺走了,王石后来说:

"哎哟,那叫一个臭啊,那个臭味在我手上黏了好久。"

这是一个极为戏剧化的场面,但是这种场面,让我们看到了王石超越自我的地方。从这个故事中,我们能得到什么样的启示呢?

第一,任何干部都得学会"守规矩"。在这里,"服从"不是屈服,更不是没有面子,而是懂得规范、规矩的高度体现。一个自己不懂得服从的领导,永远不知道给下级树立一个服从的榜样,当然无法让下属一切行动听指挥。

第二,领导者也要善于倾听别人的意见。

领导并不是万能的,也不是事事都对的,有时候,善于听取下属的意见,甚至遵从他们的"领导",也许问题就会很快得到解决。

这样做的目的是让每个人都去掉自我,更好地融入团队。

或许你会问,难道作为一个中层管理者,就必须完全抹杀自己的个性吗?

当然不是,在具体的实施中,你可以有自己的想法,有个性的操作方式,但是在组织的整体决策面前,在"守规矩"方面,服从,永远是第一位。

否则,"黏合剂"很可能就会变成"离心力"。

三、"大柔非柔,至刚无刚"

在如何让自己有效突破,让自己从"夹心饼"转变为栋梁方面,曾国藩可以给我们非常好的启示。

多年前,我在众多应聘者中脱颖而出,成为《中国青年报》的记者,不久便被任命为记者站站长。

刚进报社,我有一种如鱼得水的感觉,凭着自己的努力,我开始频频获得包括"中国新闻奖"在内的各种奖项,于是我踌躇满志地想要有更大的发展。

然而没想到的是,我遭遇了职业瓶颈:

我发现成功带来的并不只是掌声,还有无形的阻力。

我隐隐地感到,领导对我并不够重视,同事和我的关系也不是十分融洽。

我不明白为什么会这样,《中国青年报》不是鼓励个人成功的地方吗?为什么我做好了工作,却还是得不到大家的认同?

有一次,我和一位师姐,也是我的顶头上司谈起了自己的困惑,她没有多说什么,而是很有深意地送了一套湖南作家唐浩明写的《曾国藩》给我。

开始我只是随便翻翻,可越往下读,越觉得有意思,并且从中领悟到了不少智慧。

在中国近代史上,曾国藩是一个响当当的人物。许多后来成为领袖的人物,都表示了对他非同寻常的钦佩。如蒋介石,经常要下属学习"曾文正公",甚至毛泽东也说:"愚于近人,独服曾文正。"然而,曾国藩的成功之路,并非一帆风顺。

第一章 是"夹心饼",更是栋梁

曾国藩才气十足,年纪轻轻就是礼部侍郎。后来,太平天国运动期间,他奉皇上之命办团练,相信凭自己的正直和能干,一定会大有作为。他苦练湘军,打仗取得了巨大胜利,起到了清朝的正规军都无法起到的作用。可十分奇怪,越发展,就感到压力越大,碰壁之事越多。

曾国藩想了不少办法想改变这种现状,但是越改越吃力。

皇上猜忌他,大臣排挤他,连他最好的朋友左宗棠也误会他。他一气之下回了湖南老家,他怎么也想不通,自己一心为国家做事,为什么会落得这样的下场?苦闷之中,他病了很久,最严重的时候,甚至吐过血。

后来,在弟弟的引荐下,他认识了一位老道士"丑道人"。"丑道人"要他用心好好读老子的《道德经》。

其实曾国藩以前就读过《道德经》,但现在有了新的体验,再读时就豁然开朗。

原来,他一直责怪世道不公,好人没好报,老想不通:为何自己一身正气,两袖清风,却不能容身于湖赣官场?为何自己对皇上忠心耿耿,却招来元老重臣的忌恨,甚至皇上也对他不放心?

这时他才知道问题出在自己身上:锋芒太露,自认为是正直的化身,在不知不觉中,给自己造就了许多荆棘!

曾国藩由此才有恍然大悟的感觉,并总结出了一句名言:

"大柔非柔,至刚无刚。"

这对他而言,是一个极大的思想飞跃。

所谓"大柔非柔",是说一个外表柔和的人,并不代表柔弱。

而"至刚无刚",是指内在刚猛的人,并不需要给人一种刚硬的感觉。也就是说在处理和别人的关系时,一定要表现出柔和的一面,不要显得过于刚硬。

从此，曾国藩一改原来锋芒毕露的个性，变得处处考虑别人的感受，处处考虑环境的影响，处处尊重别人。

如重新处理好与左宗棠的关系。曾国藩与左宗棠是清朝名重一时的湖南人物。左宗棠本是十分佩服他的老朋友，但是他不待皇上批准，就匆匆回籍奔丧，左宗棠对他大骂，说他自私无能，临阵逃脱，甚至给了他一个他最痛恨的词：虚伪。他对此一直耿耿于怀。

但此时，他已经完全可以战胜自己了。不久他奉皇上之命，重掌湘军统帅。到长沙，他主动去拜访左宗棠，不穿官服，只穿长褂，隔了很远，就下了轿，徒步上门拜访。见面后，只字不提左宗棠对自己的过分指责，反倒感谢他以前对自己和湘军做的一些好事，并以很巧妙的方式自责，向他请教。

之后，曾国藩又遍访长沙各衙门，甚至对小小的长沙、善化两县的县官，也亲去拜访。这种不计前嫌，折节下礼的行为，使大家深受感动。

这一改变，果然化阻力为推力，事事顺利得多，真正为个人事业和湘军的腾达起了决定性的改变作用。

曾国藩的这段经历，对我触动很大。从此，我除了继续做好业务，同时也格外提醒自己要懂得谦虚，凡事要留有余地，不要咄咄逼人，努力更好地尊重领导、尊重同事。

这样一来，我发现阻力无形中小了很多，不仅得到了领导的支持，和同事的关系也越来越好。

通过对曾国藩这段经历的学习，我觉得有如下经验，值得与中层干部分享：

（一）奇迹，从改变自己开始

从表面看，在整个事件发展过程中，曾国藩有足够理由指责和怨恨外界，但是，这种指责和怨恨，并没能给他带来什么。想不通也罢，强求公正、委屈也罢，生活给他的只是冷冷的微笑。

只有他将外在转向内在，将对外界的要求转为对自己的更大要求，逼迫自己痛苦地改变，才发现世界别有一番天地，于是，艰难变成了容易，困难变成了机会。

这样，曾国藩在这里就探索了一个成功的重要法则——

不是别人，正是你自己，形成了对自己的最大障碍。苛求外界无济于事，唯有寻求自身的改变，才能有外在境遇的改变！

成功是一扇从内到外打开的门。奇迹，总是从改变自己开始。

（二）优秀的干部除了做事，还要处理好与环境的关系

很多时候，我们认为自己有能力，就理所当然会成功。但曾国藩的例子却给我们敲了一个警钟：如果眼中只有自己，不懂得处理好与环境的关系，就算有能力，也不一定能成功。

反观自身，我觉得自己像当年的曾国藩一样，也走入了一个误区：我是好人，我有能力，我应该获得成功。

但是，我却忽略了和环境处理好关系。当我在报社做出成绩得到了肯定后，我不知不觉开始有些得意，常常流露出自以为是的神情。这样一来，自然和领导、同事的关系就不太融洽了。

其实，人除了做事，还得格外重视生存环境，尤其是社会环境。改善了生存环境，不仅自己发展的阻力小，而且也能帮助自己更顺利地做事。

（三）要懂得"柔弱"与"刚强"的辩证关系，明白"柔能克刚"的道理

我的一位朋友，当时是一个年轻的厅级干部，也经历了类似曾国藩的职业瓶颈，也读了《曾国藩》这本书。

读完后，他还总结出了一个"四气"理论：

锐气藏于胸

和气浮于脸

才气现于事

义气示于人

锐气藏于胸：也就是说人一定要有锐气，没有锐气就等于没有生命力。但是，用好锐气要有智慧，也就是懂得"藏"，要将锐气和锋芒藏在胸中。如果将锋芒放在外面，咄咄逼人，不仅会伤别人，更容易伤自己。

和气浮于脸：跟人打交道，要学会一团和气。和气能使他人更容易接纳自己，为自己打开更大的空间。

才气现于事：才气不是挂在嘴上的，而是体现在做事当中，只有做好事、做成事，才能真正体现自己的价值。

义气示于人：义气在这里有两个概念，第一，愿意为别人服务，第二，敢于承担。

这位朋友也以曾国藩自我突破的故事勉励自己，之后他的人生一路顺利。

这里体现的，其实也是要懂得谦虚的道理。南怀瑾先生曾指出：《易经》八八六十四卦，其他六十三卦，都是各有缺陷，但只有"谦卦"六爻都是吉祥，这充分说明了谦虚的品质是何等重要。

越是成功的时候，越要懂得谦卑，越要懂得"柔"的价值！

越是善于处理好和周围人和事的关系，越能走出自我，实现更好的腾飞。

四、有多大的担当，就能有多大的作为

干部应该是"负责"的象征。在《做最好的干部》一书中，我们明确提出：

"要做好干部，先当负责人。"

负责就是担当。干部的业绩与发展，与他能担当的程度呈正比。可以说，有多大的担当，就能有多大的作为。

（一）永远不当"三拍干部"

要成为一流的中层，必须跟"三拍干部"永远告别。

那么，什么是"三拍干部"呢？

那就是：

拍脑袋决策；

拍胸脯表态；

拍屁股走人。

"三拍干部"的具体表现是：不做调查，没有研究，心血来潮就出主意、做决策。这叫"拍脑袋决策"。

上级询问，又信誓旦旦，胸脯一拍表示"没问题"。这叫"拍胸脯表态"。

当最后问题来了，他则丢下一个烂摊子溜之大吉。这叫"拍屁股走人"。

"三拍"是极不负责任的表现，拥有这样的干部无论对企业还是单位，都是十分可怕的。而且"三拍"也会给自己带来极坏的影响，甚至会自毁前程：没有谁愿意重用这样的干部。

与"三拍"相反，所有的栋梁都有一个共同的特点：强烈的责任感，不敷衍，不推脱。

（二）以最负责的精神指引自己的行为

干部不负责，就会受到惩罚。认识到这点固然不错，但优秀的干部对自己要求更高，他们更会认识到：

负责，更应该是一种"自动自发"的追求，要体现一种"不要别人逼，我就能做好"的自觉性。

在这方面，原国务院总理温家宝，在担任中层干部时的做法，给大家树立了好榜样。

《作家文摘》曾刊发过著名作家梁晓声写的一篇文章，记录了一个使他很感动的干部事迹，并在读者中引起强烈反响。这位干部不是别人，正是后来担任国务院总理的温家宝，而文中所记录的事情，发生在他担任地方干部的时期。

多年前，一部反映地质工作者野外工作的电视剧《荒原》在甘肃省境内拍摄，剧本由梁晓声改写，黄群学导演。拍摄受到了甘肃省地质局的大力支持。时任地质局副局长的温家宝亲自接待了拍摄组的主创人员，不仅对拍摄组需要向地质局租借的东西充分给予满足，而且连马灯容易碎要多准备一盏这样的细节都一一考虑到了。另外，考虑到天气已冷，在野外容易冻着，他还主动把剧组原本想租借的单帐篷改成了棉帐篷，并无偿提供给他们使用。

这时，一位干部低声告诉温家宝，后勤仓库里只剩一顶棉帐篷，而且还是崭新的。言下之意,这位干部很有些舍不得。但是,温家宝沉吟了一下,还是很爽快地决定由拍摄组使用,并说了一句非常暖心的话:

"崭新的帐篷那也要有人来开始用它。就让摄制组的同志们成为开始用它的人吧!"

然而,就因为这顶崭新的棉帐篷,导演黄群学受到了温家宝的批评。因为剧中有一个重要情节,就是帐篷失火,化为灰烬。得知这个消息后,温家宝急了,在电话里断然地对黄群学说:这顶帐篷绝对不允许烧掉。

这怎么行,不拍这场戏,整个情节就没法成立!于是黄群学提出,帐篷的损失可以用剧组预留的资金来弥补。温家宝却表示,不是钱的问题,而是有没有另外想办法的问题。接着,他紧急约见了黄群学,说自己将剧本读了一遍,因为烧帐篷的情节发生在夜里,完全可以用一顶旧帐篷来代替。可时间那么紧,拍摄又不能等,黄群学十分着急,临时上哪找一顶烧了也不心痛的旧帐篷呢?

温家宝告诉他,放下剧本后,他就立即打电话到处联系,旧帐篷已经找到了。他已经嘱咐将破了的地方修好,及时给摄制组送过去,保证不会耽误当天晚上的拍摄。

这个情况是黄群学没有料到的,他怔怔地望着温家宝,不知道该说什么好。这时,对于为什么不能让这顶新帐篷烧掉,温家宝动情地解释说:

"我们是身在西部的地质工作者,西部的老百姓,太穷,太苦了!你们若烧掉一顶好端端的帐篷,跟直接烧钱有什么两样呢?那笔钱,等于是一户贫穷的西部人家一年的生活费还绰绰有余。这笔钱由你们节省下来了,不是可以在别的方面的社会经济中,起到更有意义和价值的作用吗?我们中国目前还是一个经济欠发达的国家。我们中国人应该长期树立这样的一种意识——物质之物一旦成为了生产品,那就一定要物尽其用……"

　　梁晓声在听黄群学转述这件事时，怎么也不会想到，当年的这位地质局副局长，有一天会成为国务院总理。但是，他当时就忍不住深深地感慨："中国委实需要一大批像那位地质局长一样的人民公仆。"

　　梁晓声写的这个故事，其实只是"冰山一角"，这是温家宝当时作为一个地方干部，在对待自己的工作和权力时，始终保有的思想境界。

　　那么，在这件事情的处理上，温家宝体现了怎样的境界呢？其中很重要的一点就是：干任何事情，首先要将责任摆到第一位置。

　　第一，责任应有硬性约束，但更应是自觉要求。

　　工作不到位是存在于中国职场包括一些领导干部身上的最大问题之一。工作不到位首先来自于责任不到位。而要责任到位，毫无疑问应该在制度等方面进行"硬约束"，让人人负责，干部带头将负责落到实处。但是，制度再好，也需要有人执行。如果不自觉执行，再好的制度也可能在实践中大打折扣。更为重要的是许多具体的工作，其责任其实是无法从制度上做硬性规定的。这就在相当程度上取决于当事人能不能以主人翁的姿态，把尽职尽责当成自己不懈的追求。

　　在上述故事中，温家宝正是这样要求自己的。按一般干部的做法，能根据拍摄剧组提出的要求，提供有关服务就够了。但他不仅为剧组提供了一切方便，而且还主动将那顶崭新棉帐篷让摄制组先用，更难得的是，当得知这顶帐篷有可能被烧掉时，还想尽办法保留住它。

　　在整个过程中，有谁要求他这样做吗？有哪项制度要求他这样做吗？都没有。这一切都来自于他对自己的要求！因为责任的最高体现恰恰就是：没人要求，自我要求。这是我们每个干部应该自觉培养的。

　　第二，以一流的权力观，养一流的责任心。

　　为什么当干部？哪些问题应该成为干部考虑的重点？哪些问题不

必看得太重？诸如此类的问题，其实每个干部都应该经常思考，并认真思考。如果细细探究下去，就会发现，作为一个干部，要体现一流的责任心，就必须具备一流的权力观。

那么，一个优秀的干部，应该树立怎样的权力观呢？概括起来就是两句话："权为民所赋，权为民所用。"

在上述故事中，最打动人的就是不让帐篷烧掉的细节。或许在一些人看来，一顶帐篷，值不了几个钱，烧了也就烧了，何况摄制组明确表示会补偿，何必较真呢。但是温家宝为什么执意不让它烧掉呢？因为他考虑到的是，烧掉一顶新帐篷，跟直接烧钱没有什么两样；考虑的是，那笔钱，比一户贫穷的西部人家一年的生活费还多，省下来，可用在别的地方。不仅如此，他还进一步想到，我们中国目前还欠发达，每个中国人都应长期养成物尽其用的习惯……

这难道不是将自己的感情紧紧系在人民身上吗？如果每个干部都这样想、这样做，"权为民所用，利为民所谋"又何谈做不到呢？

温家宝的做法，如同一面镜子，让我们看到了目前存在于一些干部身上的问题：他们比待遇，争位置，对个人利益斤斤计较，花公家的钱大手大脚。其根本原因，就是对人民和国家缺乏真正的感情。

如果每个干部都能像温家宝同志那样，在做每一件工作时，在花每一笔钱时，在处理每一件事时，都想一想"这是否符合人民和国家的利益"，并自觉以此作为行事的标准，那么，凡事负责的好品质就很容易形成了。

第三，负责不够，尽责才行。

在《做最好的干部》一书中，我们曾提出这样一个观点：对最好的干部而言，"为人民服务"还不够，还得"全心全意"。就负责来说，仅仅负责还不够，还得尽责。

在这方面，温家宝正是这样做的。按照一般人的想法，既然已经将那顶帐篷给摄制组了，那摄制组怎么用就不必管了。但是温家宝不仅要管，而且是一管到底——不仅不允许烧毁那顶崭新的帐篷，而且也不像一般干部那样，将问题交给摄制组自己去解决，而是考虑到摄制组的实际情况，主动帮摄制组解决了问题。

在实际工作中，有些干部的做法却是：把问题提出来，把工作布置下去，就觉得自己尽到责任了。至于执行的过程中会不会出现问题，结果会不会打折扣，则不去考虑。而不一抓到底的结果，可想而知。

"要么不抓，要抓就得有结果""要么不做，要做就要做到最好"恰恰是尽责的真正体现。只有当问题圆满解决了，任务圆满完成了，达到了要求和标准，责任才算尽完。

第四，只要心中有责任，脑中自会有办法。

不少人遇到困难，总是打退堂鼓。因为他们觉得自己想不出好办法来。而最终的结果往往是该去做的事情没有做，该解决的问题还是没有解决。

其实，脑中的方法，往往来自心中的责任。在一些人看来，时间那么紧，怎么可能马上找到一顶替代的旧帐篷呢？但为什么温家宝就能把问题解决？因为他觉得这一问题非解决不可。正因为有这种责任，方法自然就不难找到。

当遇到困难和问题时，先别急着说没办法，先问问自己：心中是否有那一份责任？

很多时候，所谓的没办法，只是想图省事的借口。与此相反，只要心中真有那份责任，下决心去想，总能找到有效的办法。

境界决定世界。有多高的思想境界，就有多宽广的人生。温家宝从一个基层干部、中层干部，到成为国家领导人，与他这种负责精神密切相关，值得我们中层干部好好学习。

第二章　要忠，还要能？

一、一流 = 忠诚 + 能力
二、要恃才助上，不要恃才傲上
三、要忠，但不要愚忠
四、好中层决不能当"老好人"
五、让敬业精神与高效方法结缘

在大多数人的印象中，领导者最欣赏的是"忠臣"式的中层。但实际上，仅有"忠"，已经不能适应时代的发展。

最好的中层，不仅是忠臣，更要是能臣！

"忠诚"固然重要，但如果少了"能力"，就永远停留在一个层面上，既不能推动组织的发展，也无法让自己再上一个台阶。因此，作为一流的中层，必须具备"忠＋能"的双重能力。

一、一流＝忠诚＋能力

什么是最好的中层？

怎样才能做一个最好的中层？

大部分中层心中都有此类疑问。

我们认为，中层有如下几种：

一流中层，有忠有能；

二流中层，有忠无能；

三流中层，无忠有能；

末流中层，无忠无能。

换言之，有忠有能的中层，是领导者眼中最好的中层。

在任何单位，忠诚是最受重视的品格，是对成员的基本要求，也是值得培养的标准之一。

（一）忠诚的品格最容易赢得器重

我们不妨先看一个例子。

第二章 要忠，还要能？

香港著名影星成龙，刚入电影圈时格外敬业。由于学得一身好功夫，几年下来，他逐渐担纲主角，小有名气，每月能拿到3 000元薪水。

有一天，业内一位姓何的先生找到他，邀请他出演一个新剧本的男主角。如果成龙答应，就意味着他要放下手头正在拍的一部电影，立即投入到新片的拍摄中。

为此，何先生表示，除了支付应得的报酬外，他还会替成龙支付因无法拍摄手头电影而产生的10万元违约金。

说完，何先生塞给他一张支票，就匆匆离去。

成龙一看，支票上写着100万元，这在当时可是一笔巨款。对于从小尝遍艰辛和别人冷眼的他，今天能得到别人这样的认可，何尝不是自己最盼望的事。

可他转念一想，如果自己毁约，手头拍到一半的电影就要流产，公司必定会遭受重大损失。于情于理，他都不能这样一走了之。

经过一晚上的思考，第二天一早，成龙将支票送还给了何先生。

看着何先生一脸的惊讶，成龙淡淡地说了一句：

"我也非常爱钱，但是不能因为100万就失信于人。"

这事很快传开了，公司得知后非常感动，于是主动买下了何先生的新剧本，交给成龙自导自演，这部影片也就是很多人所熟知的《笑拳怪招》。

凭借这部电影，成龙大获成功，创造了当年票房纪录。那年他25岁。

从这个故事中，我们完全相信，成龙能够成为今天的巨星，绝对有他的道理。

100万，对于一个月薪只有3 000元的演员来说，无疑是一笔巨款。这样的诱惑，不是一般人能够抵挡得住的。换了很多人，肯定会想尽办法，用各种理由和借口辞掉原来的工作，接过这100万。

但成龙却没有这样做，他出于对单位的忠诚，拒绝了这样的诱惑。因此，他得到了众多人的帮助，并且得到了意想不到的机会。

"忠"字当头，不计较，懂得取舍，看起来是"傻"，但更能获得人心，更能得到别人的肯定与支持！这，才是真正的大智慧！

（二）你对一个单位不忠诚，其他单位也有理由认为你不忠诚

微软中国研究院的院长，讲过这样一个故事：

曾有一位微软的应聘者，各方面条件都不错，本来符合进入微软的标准。但是，最后他却没有被录用。

为什么？只因他说了一句："我还可以带一份特别的礼物过来，那就是我在原单位开发的一个软件。"

但这样的"厚礼"，微软是绝对不可能接受的，因为，既然你今天可以给微软"送礼"，那谁又能保证你以后不会将在微软开发的软件，作为"礼物"送给其他人！

李开复先生是微软的全球副总裁，他对于年轻人要获得成功，有不少见解。

我曾经看过他写的一篇《李开复说成才之道》的文章，十分精彩，其中罗列的成才之道有十多条，这里给大家选择其中关键的几条，让我们更好地了解什么是人生的"大智慧"：

（1）坚守诚信、正直的原则。管理经验和沟通能力是可以在日后工作中学习的，但一颗正直的心是无价的。一个人品不完善的人不可能成为一个真正有所作为的人。

（2）就是那些身边的所谓的"小事"，往往成为一个人塑造人格和积累诚信的关键。一些贪小便宜、耍小聪明的行为只会把自己定性为一个贪图小利、没有出息的人的形象，最终因小失大。中国有"勿

以恶小而为之"的古训，很值得记取。

（3）任何一个中层都应该明白，自己和组织是唇齿相依的关系。如果对组织做出不忠诚或有损组织利益的事情时，相当于往自己喝水的井里吐痰，结果损失最大的只能是自己。

（三）让忠诚和能力并驾齐驱

当然，光有忠诚只能让你成为一个普通的中层，很难有更大的发展。忠诚和能力应该并驾齐驱。

一个出色的领导，曾提出过这样一个选才标准。

有德有才，提拔重用；

有德无才，培养使用；

有才无德，限制使用；

无才无德，坚决不用。

"德"包含的内容有很多，其中非常重要的一点就是忠诚。

光有忠诚没有能力，往往会陷入有心无力的境地；而仅有能力没有忠诚，即使是才高八斗，也难以受到重用。

对于一个一流的中层来说，忠和能二者缺一不可。

忠诚固然重要，可以使公司安定、平稳；但能力更加可贵，因为可以为组织挑起千斤重担。

格力集团董事长董明珠，在做中层时，就体现了"忠+能"的品质。

董明珠在做销售的时候，由于能力突出，被另一家竞争对手看上，要出百万年薪把她挖走。在巨大的诱惑和对公司的忠诚二者之间，董明珠选择了后者。

然而在她身上所体现出来的不仅仅是忠诚，同时也是能力。

在董明珠刚刚接手负责销售的时候，就碰到了一个难题：

前任销售人员遗留下了一笔数目不小的欠款未追回。

怎么办呢？这件事本来与她无关。或许一些人遇到这样的事会置之不理，毕竟这不是自己造成的，而且最后损失的也不是自己。

但董明珠首先想到的却是公司的利益，她果断地揽下了这个艰巨的任务。

经过40多天的奔波，她终于追回了欠款，使公司免遭损失。

而且经过这次艰难的讨债经历，也让她开始思考：怎样才能避免类似的事情再次发生？

于是董明珠想到了采用现金交易的方法，这样一来，就可以避免拖欠了。

办法虽然简单，可是真正实行起来却不那么容易，因为按照当时的行规，经销商都是先销售，然后再付款。对于董明珠这种做法，很多人认为不可能，甚至觉得她是在自断后路。

但董明珠并没有退缩，她开始大刀阔斧地进行改革，转变营销思路，积极拜访经销商。

为了推行自己的新政策，她多次到经销商的店里，和自己的下属一起站店面销售，直到将她的第一张订单卖掉，让经销商可以感受到她的诚意、服务的热忱和踏实的做法。

终于，她赢得了越来越多经销商的信赖，不仅给公司带来了很好的销售业绩，也使她在经销商圈子里获得了非常好的口碑。

通过许多类似的事情，她的忠诚和能力都被领导看在眼里。这样的人才，有什么理由不提拔呢？就这样，她最终成为格力集团的董事长。

显而易见，董明珠的成就，不仅源于她的忠诚，更源于她的能力。

要想成为一流的中层，就必须牢记：

一流 = 忠诚 + 能力！

二、要恃才助上，不要恃才傲上

很多中层很有才华，但有才华的人往往容易产生这样的心理：喜欢按照自己的方式做事，不太懂得顾及别人。尤其在发现领导某些方面比自己差的时候，往往会瞧不起上级。

这是一种非常危险的状态，会带来一系列的问题：

首先，不利于工作的开展。当不团结、不协调情况发生时，领导往往因对其印象不佳，将责任归罪于恃才傲上者。

其次，对个人的发展极为不利。你看不起上级的表现，使领导觉得尊严受到极大损害而产生极大敌意。你越有才华反而危险越大，所以恃才傲上者纵有运筹帷幄、经天纬地之才，也很难有用武之地。

遗憾的是，有这种心理的中层干部并不少。

数年前，我在北京开设"赢在中层"的管理培训，来听课的都是各单位的中层。

讲到"如何有效与上级沟通"环节，有一个年轻的干部，刚刚听了不到一半时间，就显得很不耐烦，终于忍不住说：

"吴老师，我觉得你讲的这些根本都没用，当你的老总是头猪时，根本就没必要跟他沟通。"

他的话引来了哄堂大笑，我听了也忍不住笑了，但还是摆手示意他少安毋躁。

后来，我让大家做了一个游戏。游戏的内容是这样的，让在座的每一位学员，用一种动物来形容自己最不喜欢的老总。

大家听了纷纷开始表态：

有人说老总是蛇，让人看了就不舒服；

有人说老总是老虎，过于厉害；

有人说老总是狐狸，太狡猾……

正在这个时候，先前那位曾打断我说话的学员又开口了，他用高八度的声音说：

"我最不喜欢的，是老总就像一头猪！"

他话一说完，又引起了哄堂大笑。

之后，我们在课上做了一个调查，竟然发现：最不喜欢上级是猪的，竟占到82%，名列各种不喜欢动物的第一。

这充分说明：中层干部最难忍受的是领导"傻"，如果上级在某些方面显得傻，就无法让他们信服。

针对上级在某些方面比自己弱这种情况，中层该有怎样的态度呢？

（一）不说上级"傻"的三种理由

因为上述心理有普遍性，不解决又会对中层干部有许多消极的影响。于是在当时培训课堂上，我讲述了不说上级"傻"的有关理由：

第一，上级在下级眼中的"傻"，有时不是他真的傻，而是一种出人意料的高明。

遵义会议后，毛泽东领导红军四渡赤水，将国民党的追兵远远甩在身后。然而，令毛泽东意想不到的事情发生了。

林彪写信给中央领导，说毛泽东的决策有问题，一味带领红军走"弓背"路，而不走"弓弦"路，要求撤换毛泽东的军事指挥权。

面对责难，毛泽东以理服人。他向中央解释自己的战略，说：

"在这个时候直接跟敌人硬顶不行，绕点圈子多走点路，这是必要的，完全正确的。"

经过分析，中央让毛泽东继续带领红军作战。果然，凭借毛泽东

第二章 要忠，还要能？

出神入化的战略战术，红军最终摆脱了国民党的重兵围追，取得了决定性的胜利。

作为整个组织的领导者，上级没有责任和义务将尚未成熟的方案和想法告诉下级。而作为中层，若此时对上级妄加评论，在不明上级真实意图的情况下，就说上级"犯傻"，显然是非常不明智的。

第二，上级"犯傻"，有时是他有意试探和考验你。

领导者总是喜欢通过一些小事来试探和考验一个中层，以证明这个中层是否值得培养。

我在给奥康集团做培训时，发现奥康的老总王振滔有一个特点，他非常喜欢给中层指派工作。

而他的用意，不是简单地交代一项工作给中层，而是有意识地考察中层的能力。举个小例子，在我和奥康的一些中高层管理者同行时，经常要搭乘几辆车。

王振滔就指派中层，一个人负责一辆车，然后指定几点到哪里集合。等到了地方，他观察了一下，然后笑呵呵地对我说：

"吴老师，您看，这些人（被指派负责车辆的员工），都是我准备提拔的。可是你看那个人……"

他用眼神示意我看一个人，那个人负责的车子晚到了半个小时。王振滔说：

"这个人暂时还不能提拔，连这么一点小事都没管好，怎么能管大事？还得再锻炼锻炼。"

接着，他又示意我看另一个负责车辆的中层：

"您看，这个人就不错。不但到的很准时，还忙前忙后，把每个人都照顾到了。我都没有嘱咐，他就把方方面面都做到位了。"

还有很多这样的小例子，在此不赘述。王振滔身边的一名得力助手曾经这样说：

"王总经常把一些事抛给我们，然后就不再管了。看似他一点也不操心，实际上却是在给我们出考试题。我们是不是一个合格的管理者，就在这一次次的考试中检验出来。"

由此可见，上级有时看起来"傻"，实际上却是在不动声色地考验你。你的优点、缺点，都被上级看在眼里。

因此，作为中层的你，一定要认清上级的这种"傻"，实际上是一种考验。

第三，如果上级真的"傻"，那正好是你最大的机会。

上级不是神，和你一样，也是一个普通人。既然是普通人，就肯定会有缺点，有不足，有百密一疏的时候。

上级之所以任用你，就是看中你的长处可以和他互补，可以帮他查漏补缺。

如果你处处拿自己的优点和上级的缺点比，总觉得他很"傻"，他不如你，可其实，最傻的，恰恰是你自己。

一流的中层清楚地知道，上级的"傻"，正是自己发展的最大机会。

在谈到最后这一点时，引起了在场一位中层干部吴先生的共鸣。他在一家大集团做行政总监，他分享了自己的故事：

吴先生刚当上行政处长不久，由于原总监离开了，公司就从营销部临时调来了一位新总监。由于以前没有接触过行政工作，刚开始时，新总监在工作上表现得不是太好，甚至出现了一些失误。

于是，一些下属不免有些看不起他，觉得他没能力，甚至不太愿意听从他的指挥。

但吴先生却不这么看，他觉得新总监只是刚开始不太熟悉而已。而越是这种时候，越需要得到下属的支持和帮助。

吴先生发现，新总监的身上有很多优点：关心下级，体贴入微，心胸开阔。而且在工作中，尽管他对行政是外行，但却很懂得放权，为下属创造空间。

于是吴先生一直在工作上给予新总监最大的帮助，也因此赢得了新总监的信任，将很多重要的工作交给他。

当后来这位总监调任的时候，向公司大力推荐了吴先生，吴先生也因此当上了总监。

总结自己的这段经历，吴先生说：

"上级也有缺陷，也许有的地方真的是不如你。但是我们还是应该尽可能懂得欣赏上级，发现上级的优点，并且懂得在关键的时候帮助上级，而不是一味地挑剔上级。

"对于任何一位领导来说，他都需要得到下级的支持和帮助，单凭领导自己，是无法成事的。而作为中层的你，切忌挑剔上级的缺点。应该主动帮助上级查漏补缺，成为上级眼中不可缺少的左膀右臂。这样，我们才有更好的发展前景。"

（二）"恃才助上"一路顺利，"恃才傲上"步步维艰

当我在课堂上阐述了3个不说上级"傻"的理由，吴先生又现身说法之后，课堂上一下热闹起来了，学员们纷纷讨论。

尤其是那位说老总是"猪"的学员，受到很大的震动。他感慨地说：

"吴老师，我要是早听到您的课就好了，也许我就可以少走这么多年的弯路。"

接着，他就讲述了自己的经历：

他毕业于名牌大学，到哪个公司都很受重视，他因此也很骄傲，觉得高人一等，对老总也很挑剔，老觉得他怎么这也想不到那也不会做，

甚至觉得他愚蠢至极，往往一气之下就炒了老总的鱿鱼。

与此同时，与他同时毕业的一位同学，能力不如他，但就是那种把领导的"傻"当成机会的人，发现领导有缺点，不是瞧不起领导，而是以自己的能力去弥补上级的不足。

"现在我这位同学，已经是一家上市公司的副总了，而我还只是一个只有十几个员工的小公司的副总。

"我一直都不明白为什么一个知识、才干都远远不如我的人，却做得比我好。我现在才知道，他的'傻'是大智慧，而我的小聪明才是真的傻！"

结合这位中层所讲的亲身经历，大家在课堂上进行了热烈讨论。大家觉得，针对上级"傻"的情况，中层有两种态度：

一是恃才傲上，其特点是锋芒毕露，咄咄逼人，处处要显示自己高人一等；看不起上级，挑剔上级。

一是恃才助上，其特点是将自己分内事做到最好，用自己的长处去弥补上级的不足。

这两种态度，带来的命运是截然不同的。我们还可以从许多历史人物中，看到有关经验与教训。

范增是追随西楚霸王项羽的叔父项梁起兵的老臣，之后又辅佐项羽。凭借自己的聪明才智，范增被项羽尊称为"亚父"，两人关系很亲密。但范增的结局却很悲惨：七十多岁病死于流放途中。

项羽和范增的关系逐渐疏远，这和范增不能准确给自己定位有关。

作为项羽的副手，因为顶着"亚父"的头衔，范增不免有些倚老卖老，他与项羽议事时，往往不是商讨，而是用发指令的口吻。如果项羽不照办，他便很不高兴，甚至训斥一声：

"竖子不足与谋！"

第二章 要忠，还要能？

"竖子"是对人很不尊重、蔑视的称呼。这自然很伤项羽的自尊心，加上项羽又不是那种心胸很宽广的人，两人的关系自然越来越紧张，范增有那样的结局也就不足为奇了。

和范增相反，刘邦的谋臣张良却非常懂得处理关系，既献策，又从不骄傲。

后来刘邦要封他为王，但他却只愿意为侯，甚至功成身退，辞职离开。

范增和张良，与上级处理关系的方式完全不同，而两人的结局也完全不同：

范增"恃才傲上"，自以为是元老功臣，因此主次不分，最终不仅没有继续被重用，还落了个不得已辞职，最终病死在归乡途中的结局！

而张良懂得"恃才助上"，终其一生，不仅才华得到了充分展示，而且备受刘邦的尊重。

是的，在职场发展，最重要的帮助，往往来自上级。

最需要避免的阻力，往往也来自上级。

因此，处理好与上级的关系，得到上级的帮助，就显得格外重要。

这就需要我们懂得"恃才助上"，而不是"恃才傲上"。

"恃才助上"往往一路顺利，"恃才傲上"往往步步维艰。

并不是每一个有才能的人都能够成功。学会在有才的基础上，又懂得敬上、尊上、助上，就会给自己创造施展才华的良好条件，会有更好的事业舞台。

三、要忠，但不要愚忠

在前面，我们强调了"忠"的重要，也提出要"恃才助上"，不要"恃才傲上"，有的干部可能会认为：既然这样，那么就应该顺从上级的意见。这样既保险，对自己的发展也更有利。

但这是一个片面而且危险的观点。"忠"无疑是一流的品格，但一定要记住：

要忠，但不要愚忠！

（一）愚忠往往会害人害己

一个平庸的领导可能会格外重视愚忠的人，但一个高明的领导，可能更有一份警惕，不希望自己的中层是一个只会顺从的人。

有一个小故事很生动地说明了这一点：

"东北王"张作霖，虽然历史上对他有很多不同的评价，但不可否认，他是一个极有领导才华的人。可就是这样一个很懂得领导艺术的人，却突然把一个秘书长辞退了。

这个秘书长跟在张作霖身边 8 年，兢兢业业，从没犯过半点错误。这样一个中层，却被张作霖辞退了。对此，很多人都不明白为什么。

张作霖的回答是：

"我作为领导，希望别人给我提出不同的意见。而他作为秘书，8 年中，从没有给我说出一条与我不合的意见，我留着他干什么。难道你不觉得，一个我说什么他都说对的人很可怕吗？"

由此可见，不是所有领导都只喜欢一味听话、顺从的下属，他们更希望自己的中层有胆有识，能帮他们分担更多的重担。

第二章 要忠，还要能？

忠诚是可贵的，但愚忠却是不对的。它包含着两层意思：

一是没有能力，无法独立行事；

二是没有原则，永远都无条件地服从权威，即使是权威错的时候。

不管是哪一种愚忠，往往都会害了组织，害了自己。

20世纪40年代，当时国民党的当权者蒋介石曾有一名优秀的中层，名叫陈布雷，在抗日战争时期担任蒋政府的宣传要员。

陈布雷是国民党的"领袖文胆""总裁智囊"，素有国民党"第一支笔"之称。不仅如此，他为人非常忠诚可靠，从不介入派系纷争，且清廉无私，因此深得蒋介石的信任。

可就是这样一位本该前途无量的中层，却突然服药自杀了！

为什么会有这样的结果？

只因为，陈布雷的忠，是愚忠。

很明显的一个例子就是他为蒋介石撰写《西安半月记》。

西安事变发生后，陈布雷知道张学良、杨虎城的本意原为抗日而进行兵谏，同时也听说了一些蒋介石在惊慌中跳窗逃至山后的狼狈情节。

但蒋介石向他面授《西安半月记》的纲目时，却把张、杨说成是犯上作乱的叛逆，美化自己在危难中镇定自若，对下属晓以大义，使之幡然悔悟，才得以转危为安……陈布雷无法违拗蒋介石的旨意，只得唯命是从，但内心却十分痛苦。

但是，当朋友劝他用自己的影响力来劝导蒋介石时，他却自比出嫁的女子，不能违背丈夫和儿子的意愿。

在这样的压力下，最终，陈布雷走上了一条不归路。

这样令人扼腕叹息的愚忠，在当今这个社会，并不多见了。但是，在一些中层管理者身上，却仍然存在着陈布雷顺从和无主见的影子。

从个人角度来讲，毫无疑问，陈布雷是个优秀的人才。

但从中层管理者的角度来讲，他却并不合格。非但没有发挥中层应有的作用，反而搭进了自己宝贵的生命。

每个中层管理者都应该对"忠"进行重新认识。到底我们要"忠"什么？很多中层都有一个误区，认为"忠"就是忠于领导。这是大特而特错。

好的中层管理者，不是愚忠，而是对组织的目标负责。

这样一来，就可避免一味顺从领导所带来的危害。当领导的决策出现失误或偏颇时，中层应当站出来指出症结，为领导和组织保驾护航。这才是一个一流中层管理者的所为。

（二）负责的中层，要懂得维护原则

其实，在历史上就有不少有识之士，已经认识到了忠与愚忠的不同。

唐朝贞观年间，在太宗李世民的倡导之下，朝廷开展了选拔推荐人才的活动。由于这个活动规模声势浩大，就有人打算浑水摸鱼。

太宗听说有人谎报官阶和资历，就命谎报的人自首。并警告说，如果不自首，一经查出，便处以死刑。

过了不久，有一个谎报资历的人事情泄露了。大理寺根据国家的法律，将这个人判了流放。

太宗听说这件事以后，就把大理寺少卿戴胄找来，问他：

"你应该知道我当初下的诏书上说，不自首的人处死刑。现在，你判处他为流放，这不是向天下人表示我说话不算数吗？"

戴胄回答道："要是陛下当时就杀了他，这不是为臣我所能管到的事。但是，现在你既然已经把他交给大理寺处理了，我就不能违背法律。"

太宗问戴胄："那么，你自己遵守了国家法律，却让我说话失去

信用吗？"

戴胄说："法律，是国家用以取信于天下的，国家的信用才是大的信用。陛下一时发怒，想要杀死他。但陛下知道不能这样，将他送给大理寺按照法律处理。这正是您忍耐小的愤怒而保持大的信用的结果。我觉得陛下的做法非常可贵，因此很值得珍惜。"

听了戴胄的这番话，太宗感慨道："在我执法有误的地方，你能够纠正我，我非常感谢你。"

于是，太宗李世民改变初衷，同意了大理寺的判决。

戴胄的做法，让我们看到维护原则，比顺迎上意更重要。而唐太宗的做法，也让我们看到了自觉遵纪守法的价值。

（三）负责的中层，会帮助领导为未来着想

"战国四公子"之一的孟尝君，他招揽了很多门客来为自己做事。这其中有一个叫冯谖的人，也是一个忠诚但不愚忠的中层。

有一次，孟尝君派冯谖去自己的封地薛地收债。

冯谖临走的时候问孟尝君：

"回来的时候，要买点什么东西？"

孟尝君说：

"这里需要什么，你就买什么回来吧。"

冯谖到了薛地把欠债的老百姓都召集起来，叫他们把债券拿出来核对，老百姓正在发愁还不出这些债时，冯谖却当众假传孟尝君的决定：

"还不了的，一概免了。"

接着，他点起一把火，把债券全都烧掉了。当冯谖回去见到孟尝君，并把事情的经过告诉他时，孟尝君十分生气：

"你把债券都烧了，我这三千人吃什么？"

冯谖不慌不忙地说：

"我临走的时候，您不是说这儿缺什么，就买什么吗？我觉得您这儿别的不缺少，就缺少老百姓的情义，因此我把情义买回来了。"

孟尝君听了很不高兴，但也没再说什么。

后来孟尝君在官场遇到了挫折，被撤了职，被迫回到薛地。

可是没想到，当孟尝君的马车离薛地还差一百里的时候，就看见薛地老百姓，扶老携幼，在大道两旁迎接。

原来，当初冯谖一把火烧了薛地百姓的债券，老百姓都十分感谢孟尝君。因此一听说孟尝君要来薛地，都赶来迎接。

孟尝君对此非常感动，对冯谖说：

"你过去给我买的情义，我今天看到了。"

试想一下，如果当初冯谖听从了孟尝君的命令，把债全部收回去了。虽然得到了短期的利益，可是绝不会得到百姓的拥戴。

冯谖的做法，在当时看似对领导有所违背，可却是真正地忠于领导。因为他帮助领导提前设计了未来，以做好事的方式，为领导积累了名望和民心。

这种不愚忠的忠诚，难道不是一种更大的忠吗？

古人尚且如此，更何况在今天，中层管理者是不是也可以采取这种更负责的忠呢？

四、好中层决不能当"老好人"

在中层管理者中，存在一个问题：喜欢做老好人，希望对任何人

第二章 要忠，还要能？

都好，谁都不得罪。

但这样的做法，实际上是很不好的。且看中国台湾著名管理学家曾仕强关于高层、中层和基层管理的概念：

高层，给人印象应该是"好人"。这样可以增加公司的向心力和凝聚力。

中层，应该是"坏人"。敢抓敢管，奖善罚恶，要扮"黑脸"。这样才能使公司有绩效、有规矩。

基层，应该是"憨人"。只管埋头做事，尽职尽责地完成自己分内的工作。

这个观点的确值得借鉴和重视。对于一个中层来说，事事不得罪人、睁一只眼闭一只眼的"老好人"做法，不仅是对组织的不负责，也是对自己和团队的不负责。

（一）好人未必是好的管理者

一个人是好人，却未必就能成为一个好的管理者，原因很简单：作为干部，应该面对问题，解决问题，还要体现魄力。如果当老好人，就失去了这份魄力，掩盖了矛盾，无法推动工作。

张建华在其所著《骨干是折腾出来的》一书中，讲了他亲身经历的一件事：

当时，他还不到 17 岁就在部队当上了班长，很多新兵的年纪都比他大，他在给战士训话的时候觉得很不适应。

第一次进行训练讲评，张建华先表扬了一位战士，表扬的话，对于说的人很轻松，听的人也很愉快，可是接下来就该批评训练中不认真的战士了。

他想：都是朝夕相处的战友，大家一个寝室住着，有的还比自己年纪大……指名道姓的话就很不合适。

于是他很笼统地说："今天训练，有些同志表现不够刻苦，希望今后要努力。"

每个战士都很自在，因为说的不一定是自己。

正好连长在一旁路过，听到张建华的话很不满意，说："就5个人，你还说'有些同志'。你直接说，是谁？"

这件事对他影响非常大，是啊，才5个人，还要说"有些同志"。为什么不敢指名道姓，为什么会浮于表面、不敢一抓到底？说白了，还是不敢承担责任，怕得罪人。

没错，这样自己是落了个"老好人"的名声，但却会因此损害团队的利益。

如果连点名批评都不敢，那么那些做得差的战士根本就不知道自己的不足在哪里，怎么可能达到改正错误、促使整个团队健康发展的目的？

最好的中层干部应拒绝空浮，他们不仅说话实在，做事也是抓实，这样才能真正开展好工作。

（二）"老好人"表面看是维护下属，其实恰恰会害了下属

在一次培训中，一位学员讲了自己的一段经历。

他曾经跟随过一个部门经理。刚开始的时候，经理的热情、嘘寒问暖的态度使他特别感动，甚至有过想跟他干一辈子的想法。

但工作一个月后，尽管经理还是很热情，但他已经开始有点改变心意了；到了第二个月，他觉得最多再跟这个经理干半年；但是到了第三个月，他决定再干一个月就走。

为什么他前后的想法会有这么大的变化呢？

第二章 要忠，还要能？

这位学员说：

"虽然这个经理对我很好，但却太好了，从来不会批评我，也不会给我任何指导。他让我觉得其实他并不想对我的成长负责任，跟随他不会有太大的进步和发展……"

从这个学员的故事中我们可以看出，其实领导对员工的关心方式有两种：情感关怀和成长关怀。

作为下属，固然希望得到上级的情感关怀，但更希望得到成长关怀，希望领导对自己有所要求，并且给予指点。

单位毕竟不是培养温室花朵的地方，而是培养和锻炼人才的地方，总是温情脉脉，培养不出有能力、高素质、高效率的人才，这对于单位和个人的发展都是有百害而无一利的。

前谷歌全球副总裁李开复在《给中国学生的第六封信：选择的智慧》一文中，也写道：

我曾经遇到这样一件事情。当我从中国回到微软总部后，发现刚接管的部门有一个项目存在方向上的偏差——开发团队并没有把用户摆在第一位，而只知道研究一些看上去很"酷"的技术——于是就毅然终止了该项目的研发。

当时，有一位员工问我："你怎么能够确定你自己的选择是对的？像Windows这样的产品也是在经历了10年左右的市场检验后才站稳脚跟。你凭什么笃定这个项目不会在未来收获惊喜呢？"

其实，我之所以能够快速做出抉择，主要还是因为我在此前的工作中已经有了类似的教训：

我曾经在SGI公司领导200余人的团队研发一套世界最先进的三维漫步技术。这套技术能在10年前的硬件上营造出美丽的三维效果。但在做这个项目时，我们完全没有考虑用户和市场的需要，开发出来的三维体验并没有针对某一个特定的客户群，而是想解决所有客户的问题。结果，最终的产品无法利用 SGI 现有的营销渠道，产品对硬件及网络的要求也超出了普通用户的承受能力，我们这个项目最终被取消，技术被公司出售。

这件事对我的打击非常大，因为我手下的 200 余人都需要寻找新的出路，有的人甚至因此而失业。我的内心深感愧疚。但另一方面，我也从惨痛的教训中吸取了足够的经验。

李开复之所以毅然终止了该项目的研发，一是有教训，二是他明白：作为一个优秀的执行者，必须不求空名和项目的"好看"，而要有实际的效果。

是啊，当实际的效果与空名和好看的形象矛盾的时候，毫无疑问应对以实际的效果作为选择的基本依据。不能为了一时照顾下属情绪，而耽误了他们的前途发展，该以更严格的要求对待下级。

（三）"一家人哭总比一路人哭要好"

做好人，对下属关怀备至，这当然是一个中层优秀的表现。但是，请记住，你想讨好所有人，却未必能讨好所有人。而且，假如你照顾了少数有问题的下属，就可能损害更多人的利益。

宋朝时，范仲淹为了推行新政，选派了一批精明干练的按察使到各地去检查官吏的善恶。

有一次，范仲淹在官署里审查一份监司的名单，发现有贪赃枉法行为的人员，就提起笔来把名字划去，准备撤换。

担任枢密副使的富弼平时对范仲淹十分尊敬，这时见他毫不留情地撤换了一个又一个官员，不免有点担心，于是在一边劝止说：

第二章 要忠，还要能？

"范公呀，您一笔勾掉很容易，但是这一笔之下可要使他一家人痛哭呀！"

范仲淹听了，用笔点着贪官的名字愤慨地说：

"一家人哭总比一路人哭要好吧！"

深受震撼的富弼，感受到了范仲淹为国为民的大仁之心。

体恤下属固然无可厚非，但是作为一个管理者，不能只考虑感情因素，更要从全局来看问题。如果只想做好人、不得罪人，而使整个团体受损，那么就不具备成为一个一流中层的素质。

那么要从"好人"超越成为"好的管理者"，该怎么办呢？

如下四点也许可以给大家参考：

第一，工作要求和情感关怀二者缺一不可。

很多时候，对下属付出情感上的关心是必要的，它可以拉近上下级之间的距离，使下属能够和愿意更紧密地和你团结在一起。

但是，绝对不可因为照顾情感而失去了对下级基本的工作要求。否则就会严重失责。

第二，姑息等于养奸。

当下属犯了错误和出现了问题，绝不能因为碍于情面而不指出。只会"和稀泥"的管理者，最终的结局只能是毁了整个团队，也可能毁掉犯错的下属。这体现了一个管理学的理念：

"管理是一种严肃的爱。"

第三，"慈不带兵"。

说的就是警惕小慈害大义。

胡林翼曾送给晚年的曾国藩一副寿联：

"以霹雳手段，显菩萨心肠。"曾国藩阅后百感交集、热泪盈眶。

这是一种辩证法，值得中层们好好思考。

第四，自己承担不了的事情和问题，要及时上报。

很多团队中都会碰到一两个能力较差的员工，尽管反复帮助他们，也没有效果，这时候该怎么办？

有些中层为了显示自己的"承担力"，总在上级面前闭口不谈那些能力差的员工。这其实是一种很不负责任的做法。

这样既无法让上级了解真实的情况，也耽误了下属的发展，也许这份工作并不适合他。与其总替他遮遮掩掩，还不如如实上报，这才是对下属个人和团队甚至整个单位的健康发展起到了负责任的态度。

喜欢做"老好人"的中层，一定要记住：

你在生活中可以是和平主义者，但你的职位不允许你是和平主义者。只有敢抓敢管，才是真正负责的中层。

五、让敬业精神与高效方法结缘

（一）重视市场经济下的新敬业精神

在任何时代，敬业精神都很重要，都被人重视。在以往，我们强调埋头苦干，甚至将这样的人称为"老黄牛"。

但到了市场经济的新时代，一切强调效率与效益，这时，我们就要提出一个新的理念：

重视市场经济下的新敬业精神。

那么，什么是新敬业精神呢？通俗地说，就是要"让老黄牛也插上智慧的翅膀"，也就是：

既要埋头苦干，也要抬头苦干。

第二章 要忠，还要能？

在市场经济的新时代，干部在工作中，会有三种状态：

既敬业也有方法的人（智慧型）；

只敬业无方法的人（苦干型）；

既不敬业也没方法的人（问题型）。

我们倡导的干部，而且更能被领导重视、欣赏的干部，必然是智慧型的。

对中层而言，也应该超越苦干型干部，成为智慧型的中层。

在万科集团，就有一批智慧型的中层骨干。

在万科，有一个名叫姚牧民的中层干部。在兴建万科城市花园时，王石对这个项目的要求非常高，事事都力求完美。就在样板房要对公众开放的前夕，望着周边光秃秃的环境，王石不无遗憾地说了一句：

"要是春天就好了，种上一层层绿草环境就衬托出来了。"

姚牧民正好在旁边，听了王石的话，他说：

"放心，接待日那天保你绿草如茵。"

王石特别奇怪，这是 11 月份，哪里去找绿草，难不成用绿油漆喷涂？

一个星期后，再次站在样板房跟前的王石，被周围那片毛茸茸、嫩绿的青草弄得目瞪口呆。

"你从哪个温室大棚移栽过来的？"王石问在一边的姚牧民。

"呵呵，一麻袋麦粒的事嘛，小 case 。"姚牧民满是轻松。

原来，天气很冷，要是种草，在短时间内根本长不出来。于是姚牧民就想了一个办法，在土地上撒了一层麦粒。麦粒发芽很容易，只短短的几天，就长出了一层嫩绿色的小芽。

就这样，在万科领导的带领下，再加上一群得力干将的努力，上海万科城市花园开市即一炮打响，仅开盘时定金现钞就收了人民币两个多亿。

姚牧民这样的中层，在工作中贡献的绝不只是汗水，更多的是智慧。

最好的中层，绝不是只知道"死干活"的干部，而是懂得运用智慧来解决问题的干部。

（二）一流中层总有高绩效思维

现代管理学之父彼得·德鲁克有一个著名的观点：

"在制定任何决策、采取任何行动时，管理层必须把经济绩效放在首位。管理层只能以所创造的经济成果来证明自己存在的价值和权威。"

不仅如此，在彼得·德鲁克的著作《卓有成效的管理者》中，他更是用了整本书的笔墨，阐述了一个管理者首先要对有效性负责。

企业管理必须始终将绩效放在首位。不能产生绩效的管理者不是有效的管理者。

这段话无疑告诉所有中层：一流中层必须有高绩效思维！

什么叫高绩效，就是以最小的投入获得最大的回报。

在第二次世界大战期间发生的一个故事，很能说明问题：

苏联军队准备在利沃夫方向实施重点突击。为了转移德军的视线，减轻苏军在主要突击方向上的压力，苏军几个集团军的指挥官们在一起商讨把敌军从主要攻势方向上调离，以分散敌人的兵力部署。

围着长会议桌，指挥官们提出了一个又一个方案，可是由于种种原因，一个接一个地被否决了。

最后，少校瓦里特献计道：

"我只需30个士兵和30辆汽车就足够了。"

当瓦里特少校轻声地这么一讲，指挥官们都向他投来了怀疑的目光。可是，当他把自己的具体方案陈述完毕后，大家又都觉得可行了。

第二章 要忠，还要能？

第二天晚上，德军的夜间侦察机在斯塔尼斯拉夫地区，突然发现了一支悄悄行动的苏联军队。

于是，侦察飞行员把侦察结果报告了上级。上级命令：紧密侦察该地区。

第三、第四天晚上，侦察机加强了对斯塔尼斯拉夫地区的侦察。几天来的侦察表明，苏军部队的确在秘密进行转移。

情报自然汇总到了德军指挥部。指挥官们立刻召开了敌情分析会，大家一致的结论是：斯塔尼斯拉夫地区一定是苏军的主攻口，必须进行重点防备。

很快，在利沃夫地区执行防御任务的一个德军坦克师和一个步兵师接到命令，调往斯塔尼斯拉夫地区布防。

但是实际上，他们被瓦里特牵着鼻子走了。

因为瓦里特的方案是：仅仅派十八集团军的 30 个士兵，组成两个 15 人的小分队，各带手电筒，并分乘汽车，模拟了机械化部队正利用夜晚向集中地域开进的动作。

当德军侦察机出现时，他们向天空打开所有的手电，吸引飞机的视线，而当德机飞临"行军纵队"上空时，又故意全部熄灭了手电，以给敌机一种躲避对方侦察的错觉。

德机飞过后，"行军纵队"再一齐打开手电，继续模拟机械化部队的开进动作。如此这般几个回合，德军果然中了圈套。

用 30 个人就成功牵制了德军两个师，不得不说是一笔本小利大的买卖。

在市场经济和知识经济的新时代，高绩效越来越被组织和领导者所重视，是否能以最低的投入，换取最有效率的结果，将是摆在中层干部面前的一个大课题。

（三）一流中层要主动创新

美国石油大王洛克菲勒说：

"如果你要成功，你应该朝新的道路前进，不要跟随被踩烂了的成功之路。"

我们可以套用一下这句话，如果一个中层希望成功，就要主动创新，而不是跟在别人的后面。

国内著名的海尔集团，它之所以能有今天的成就，与拥有一批勇于创新的中层骨干是密不可分的。

海尔集团电热事业部的一位中层名叫孙京岩，在他进海尔时，海尔已经是国内著名的电器品牌了，他怀着对海尔的崇拜进了公司。

但是，让孙京岩意想不到的是，此"海尔"非彼"海尔"：

在市场上火热的仅仅是海尔的电冰箱和洗衣机部门，他恰恰被分配到了刚刚起步的"冷衙门"——电热事业部，而负责的项目是想都没有想到过的小家电——电热水器和微波炉。

这无疑是给本想大展抱负的孙京岩兜头一盆凉水，刚开始时，当他被顾客问及"海尔也出微波炉吗？"时，不禁尴尬万分。

那时，海尔微波炉和电热水器月产量不足万台，连同行也说：

"小家电不是海尔的强项……"

这时，孙京岩开始理性地思考自己部门的前途：随着人们消费和住房水平的提高，热水器和冰箱、空调一样，也肯定会在家庭中普及，所以小家电孕育着大市场。

而要使海尔的小家电在市场上占有优势，就必须在原有的基础上做出创新，无论是产品的性能还是质量，都要做到国内一流。

在经过一番思考和调查后，孙京岩决定把电热水器的研发作为部门发展的突破口。

这时，国内有很多媒体报道了电热水器因为质量不过硬而伤人的事情，这给孙京岩很大的触动：如果能够使电和水分离，是否就能够避免伤人事件的发生呢？

随后，海尔的电热事业部全力投入到这项创新中去了。1996年，海尔出产了第一台水电分离式热水器，一进入市场，就被抢购一空，从此，海尔在小家电行业开始占有了一席之地。

而原来门可罗雀的电热事业部，此时也成为海尔的骄傲。

但是，这样的成绩并没有让孙京岩满足，因为他知道，在市场上只有不断创新，才能不断发展。

随后，在大家的努力下，又开发出了多种热水器。海尔电热事业部已经成为海尔的一个颇具竞争力的部门。

海尔电热事业部的成功，值得每一个中层管理者借鉴。最好的中层是能够带领部门进行主动创新的干部，他们不仅为自己，更为组织赢得了发展。

最好的中层是主动创新的中层。他们善于在创新中找到发展的契机，为自己、更为单位，带来更大的成功。

第三章　是领头羊，更是指挥家

一、勇当下级学习的"标杆"
二、完成从"独行侠"到"指挥家"的转换
三、关心所有人，关注几个人
四、用活奖罚两根指挥棒

中国有句俗语：

"兵熊熊一个，将熊熊一窝。"

一个中层管理者，更多的是承担着一个团队的成败荣辱，因此，他不仅扮演着领头羊的角色，更扮演着指挥家的角色。

领头羊是身先士卒的，路上有荆棘，它会第一个为群羊开道；前面有岔路，它会凭经验作选择。正因为它永远站在第一线，所以是最具威望的。

指挥家是善于作战的，他必是高屋建瓴，看清大局，即使面对千军万马，也从容不迫，指挥若定。

因此，一流的中层管理者，既是领头羊，更是指挥家。

一、勇当下级学习的"标杆"

中层管理者是一个团队的领头羊，管理者本身的工作能力、行为方式、思维气质甚至喜好都会对团队成员产生莫大的影响。

春秋五霸之一的齐桓公，一度非常喜欢穿紫色的衣服。因此齐国朝野上下竞相效仿。

这本来也不是什么大事，无非是一个管理者的个人爱好而已。但当时，紫色丝绸的价格是本色丝织品价格的 5 倍。

齐桓公意识到长此以往，必然会使国家财政受到影响，因此很忧虑。

于是他问管仲说：

"寡人好穿紫色衣服，但紫色丝绸价格昂贵，一国百姓都穿紫色衣服，这就太奢侈了。我该如何处理这件事？"

管仲给他提了一个建议：

"君主可以不穿紫色衣服，然后对左右臣子说：'我很厌恶紫色衣服的气味！'官员有穿紫衣觐见的，您就说：'请退后一步，我讨厌紫色衣服的气味！'这样做，我想一定会改变目前的状况。"

齐桓公说："就这样办吧！"

齐桓公按照管仲的建议去做，当天宫中就没有人穿紫衣服。第二天，整个都城都没有人穿紫色衣服。第三天，全国都没有人穿紫衣服了。

正因为管理者的言行举止，会给下属带来非常大的影响。所以，一个好的中层管理者，一定要端正自己的态度，规范自己的言行，成为下级学习的好标杆。

（一）在工作上勇当标杆

二战时期，美国著名的军事将领巴顿将军就是这样的中层。

有一次巴顿将军带领他的部队在行进的时候，汽车陷入了深泥里。巴顿将军喊道：

"你们这帮混蛋赶快下车，把车推上去。"

所有的人都听话下了车，按照命令开始推车。

在大家的努力下，车终于被推了出去，一个士兵准备抹去自己身上的泥污时，惊讶地发现身边那个弄得浑身都是泥污的人竟然是巴顿将军。原来巴顿将军刚刚和他们一起推车。

这件事一直都牢牢地记在了这个士兵心里。

直到巴顿将军去世，在葬礼上，这个士兵对巴顿的遗孀说起了这个故事，最后说：

"是的，夫人，我们敬佩他！"

还有一次，巴顿发现一个装甲师都停在路上，师长正就着地图研究渡河前进的可能性。

巴顿看了一眼地图,发现这条河就在几英里内。于是,他二话不说,就到河的下游去勘察水深,发现这条河还不到两英尺深,而且河那边只有一挺机枪防守。

随后,巴顿回到师长跟前,问营地的上校为什么不过河。师长说,不知道从哪个地方过河最好。

巴顿把这位上校叫到地图前,在一条河上标了个位置,并宣布:

"就从这个位置过河。"

"将军,我们几乎不了解那个位置的水深。我们可能得架设浮桥,再说我们还不知道河岸的土质情况。"

"我们能在这个地方过河!每个人都能,而且我肯定有足够硬的河床让坦克开过去。河岸硬实,河面宽阔但是水面很浅。"

"您怎能肯定,将军?"

"看看我的裤子!河水就那么深。我过河的时候,没引来任何敌人射击!"

巴顿将军为众将士做了最好的标杆,别人都只是在地图上研究渡河的可能性,而巴顿则是亲身试水,探个究竟。所谓"不入水,焉知水的深浅"。

正是"喊破嗓子不如作个样子"。

空洞无物的言语未必能教育下属,干部一次率先的行动,就已足够打动人心。

任何一个组织都适用。凡是能够带领团队成功的中层管理者,必然是以身作则的中层。

（二）遵纪守法当标杆

格力集团董事长董明珠，在一次《对自己狠一点》的演讲中，讲述了这样一则故事：

董明珠因为工作出色，被从业务员提拔为业务部长。当时业务部长权力不小，于是，就有人通过她的哥哥，准备来"搞定"她。

当时格力的产品供不应求，一到销售旺季，经销商都纷纷来催货。有一天，董明珠接到哥哥的电话，说第二天来格力所在的珠海。董明珠问他来干什么，他说要到格力来拿货。

董明珠感到很奇怪就问，你又不是经销商，来拿什么货啊？哥哥便喜滋滋地告诉她，说有一位经销商找到他，答应只要他帮自己拿到100万元的货，就可以给他两三万块钱。

这是不花钱的买卖，而且掌权的是自己的妹妹，他认为这是一个很好的机会，十分高兴。没有料到，董明珠一口就回绝了他。接着就拨通了那个经销商的电话，问他是不是你通过我哥哥要货呢，经销商很高兴，不断说是啊是啊，因为觉得接上头了。

不料，董明珠通知他：从现在开始，我要通知停你的货了。他觉得不可理解，因为你格力没有任何损失，而且通过你哥哥拿到货，你哥哥也能得到好处，公私都有好处，你为什么不干呢？之后还跑去找董明珠的哥哥说，你这个妹妹是不是你亲妹妹啊。

董明珠的哥哥也不理解，他说你手上有这个权力，又不让你违法，你就为我们家里做一点点事，让我们有一点点发财的机会，你为什么不给呢？

董明珠回答说：一个人当你拥有权力的时候，这个权力不是为你服务的。如果是为自己和"自己人"，那么就违背原则了，就伤害了更多人。

董明珠的做法，实际上就是在遵纪守法上当标杆。作为干部带头这样做了，歪风邪气就少了。

毛泽东说：

"只有落后的领导，没有落后的群众。"

这句话是每一个中层管理者都应牢记于心的。

二、完成从"独行侠"到"指挥家"的转换

"独行侠"在武侠小说中比比皆是：

他们沉默地独来独往，将所有的问题都自己一肩挑，既不替别人承担，也不让别人为自己承担。

他们大多是顶天立地的孤胆英雄，拥有绝世无双的武功，但却注定成不了一呼百应、统率江湖的武林盟主。

这是因为，一个独来独往的人，不可能和他人良好沟通，不可能和团队默契地合作，更不可能承担团队的成长和发展。

因此，我们可以下此断言：

好领导绝不是独行侠！

（一）好领导不是"独行侠"

吸收诸葛亮的教训，重视精兵强将，而不是事必躬亲。

很多管理者喜欢抓住权力不放，一是担心下级做不好事情，二是担心下级抢了自己的功劳。

这样一来，管理者不但无法打造出高绩效的团队，还容易让自己

陷于各种各样、大大小小的事务之中不能自拔。

我国历史上的著名人物诸葛亮，在人们的眼中，似乎是完美的化身，一方面，他"鞠躬尽瘁，死而后已"，另一方面确实智慧高超，甚至可以说是"智神"。

但是，从管理学的角度看，他却有着致命的缺陷。这包括用人求全责备，如杀掉"刚猛难制"的刘封，在大举北伐时，他本应将权力下放给既有经验又有才干的魏延。但诸葛亮总对他存有戒心，连先锋也不让他做，却选了一个只会纸上谈兵的马谡。结果马谡痛失了街亭，他又"挥泪斩马谡"。这样做的结果就是后来"蜀中无大将，廖化作先锋"的必然。

与此同时，大大小小的事情，诸葛亮事必躬亲。这样一来，不但他自己忙得团团转，更引起下属对他不放权的不满。

他忙得没日没夜，心力交瘁。他的对手司马懿知道以后，就说：

"亮将死矣。"

果然不出司马懿所料，不久之后，诸葛亮就累死在军中。

诸葛亮给我们所有的中层管理者都提供了教训：

哪怕你再能干，再敬业，你也不要事必躬亲。

因为你的角色，不是当"独行侠"，而是充分发挥团队的积极性，指挥、调动大家去实现组织的目标。

（二）完成从业务骨干到管理高手的提升

一些人被提拔到中层管理者的位置，往往是因为业务能干。领导提拔他的目的，是想发挥他的力量，带出一批也同样能干的业务骨干，并带领团队取得更大业绩。

遗憾的是，一些中层管理者并没有完成这个从业务骨干到管理者的角色转化。结果不仅自己累死累活，而且团队业绩也不理想，真正吃力不讨好。

被誉为日本"经营之神"的松下幸之助，就深深地知道，好领导绝不能独来独往，他所做的一切，都必须为整个团队的成长负责，否则就顶多只是一个精于专业的技术员，永远无法成为一个管理者。

他不但是这样要求自己的，而且也这样要求自己企业中的中层管理者。

有一个时期，松下幸之助预测到家用电器中大量使用小马达的时代即将到来，于是松下就委任非常优秀的研发人员中尾担任新产品研发部部长，负责研制小马达。

中尾接受任务后，立即没日没夜地研究起小马达来。

有一次，松下幸之助正好经过中尾的实验室，看到中尾辛苦地工作，可令人没想到的是，松下幸之助非但没有表扬他，而且狠狠地批评了中尾。

这是为什么呢？就连中尾自己也想不明白，非常委屈。

可是松下幸之助这么做，却有他的道理。

松下幸之助对中尾说：

"你是我最器重的研究人才，可是你的管理才能我实在不敢恭维。公司的规模已经相当大了，研究项目日益增多，你即使一天干24小时，也无论如何完不成那么多工作。所以作为研究部长，你的主要职责就是制造10个，甚至100个像你这样擅长研究的人，我相信你能做到。"

从这番话里，我们可以清楚地看出领导者对中层的要求，那就是中层不能永远只埋头做自己的事情，更关键的在于，他要学会做团队的指挥家，让团队中的每一个人，都知道该做什么，该如何做。

后来松下公司不仅研究出了开放型的三相诱导型电动机，而且还挤垮了日本最大的电动机生产厂家——百川电机。

百川电机的老总来找松下幸之助,他说:

"我是专门做马达的,你是做电器的,我做了一辈子马达,我有很多优秀的电机专家,可是你居然用3年时间就把我挤破产了。你推出的产品既比我的技术水平高,也比我的更受市场欢迎,你是从哪里招来的专家打败了我?"

松下幸之助说:

"没有,我的所有专家全是内部员工!我只是把更多员工变成了专家。你有几十个优秀的专家,但却没有几百个优秀的员工,我正好相反!"

松下的这句话中,其中蕴含了两层含义:

(1)优秀的专家不等于优秀的中层管理者。

优秀的专家只盯着自己的业务,淬炼自己的技术。而优秀的中层管理者要时刻着眼于团队,将每一个人培养成栋梁。

(2)优秀的中层管理者,不仅要起到领头羊般的表率作用,更要起到指挥家的作用。

优秀的中层管理者必是手握指挥棒的领导,他善于集合团队的力量,而不是一个人单打独斗。

这其实就是松下公司检验一个中层管理者是否优秀的重要标准之一。松下公司有这样一个观念:我们不做第一,但是要做比第一更快的第一。

他为什么能做到这一点?就是因为他要求公司的中层,能够培养出两个、三个甚至几百个优秀的人才,集合团队的力量,方能在竞争中脱颖而出。

让我们再回头去品味这个故事,若中尾埋头研究自己的业务,以他的才华而论，成功研究出小马达是很容易做到的事。

但他若只埋头于自己的业务，松下公司就永远做不成大企业，只能是一个小公司。

那么，作为中层管理者的你，是愿意自己埋头苦干，还是愿意指挥团队作战呢？

相信你定会毫不犹豫地选择后者。

其实，我们的很多中层管理者，之所以觉得太累太辛苦，就是因为在无形中将自己放到了独行侠的位置，没有完成从业务骨干到管理高手的转换。这是最大的失误。

那么如何完成这个转换呢？

在此，我们给出以下四点建议：

（1）制定有效的目标。

作为统领全局的指挥家，必须要有明确有效的目标，方能让团队朝着共同的方向努力。

（2）积极地与上级领导沟通，得到他的支持和帮助。

和上级充分沟通，使其了解你的目标及达成目标的方案。得到上级的支持和帮助是高效完成任务的关键。

（3）了解团队每一个成员的优势与劣势。

对于团队成员的特长及弱点要有充分的了解，才能准确合理地分兵派将。

（4）把目标细分，分派合适的人负责具体的任务。

将所确定的目标分为具体步骤，让合适的人负责合适的任务。

当我们把握了这4个要点，就不难成为一个团队中最好的指挥家，让团队发出最动听的大合唱！

（三）管理就是借力

管理者再能干，也没有三头六臂。所以，优秀的管理者，总是能借用多方面的力量，来实现组织与团队的目标。

海尔的首席执行官张瑞敏明确指出：

"管理就是借力。"一语道破了管理的智慧。

一个优秀的管理者，是善于借用各种力量工作的，而不是相反。

美国福特汽车公司的创始人福特，是"把美国带到轮子上的人"，在他的带领下，福特公司一度也是美国最优秀的汽车公司之一。但到了晚年，福特却自以为是，不仅不重视能人，反倒对能干的人采取压制的手段。

现代管理学之父彼得·德鲁克德鲁克曾在《管理：使命、责任、实务》一书中，把该公司的兴衰，作为管理案例进行细致研究。在德鲁克看来，没有一种变迁比福特汽车在短短的15年中，从不可比拟的成功跌落到濒临崩溃的地步更具有戏剧性的了。

"老福特的失败是因为他特别坚信一个企业不需要经理人，也不需要管理阶层。他认为一个企业所需要的，只是一位'业主企业家'，加上几位'帮手'就足够了。"

在老福特看来，他手下的那些"经理人"不过是"帮手"而已。如果他们胆敢以"经理人"自居，没有经过老福特的命令而擅自行动的话，无论这个人多么有才能，他对公司有多大的益处，都会被老福特无情地辞退。

老福特为了避免"帮手"自作主张，还在公司内部专门派遣了"秘密警察"。一旦他听到"秘密警察"说"某一个主管擅自作了什么决定"，就会立即把这个主管扫地出门。

在老福特看来，没有什么现代企业分权，也没有管理者的培养。

第三章 是领头羊，更是指挥家

他认为福特的管理者们不过是他的私人助理，他不会让他们承担管理责任，当然也不会给他们管理的权利，这些"助理"唯一的任务就是执行他的命令。

老福特这种管理模式很快给福特公司带来了致命的打击。很多管理者虽然身居要职却不愿意做出有效的决策，当然也没有人愿意承担责任。

整个公司没有沟通平台，上下的信息不畅通，管理出现了混乱，因此直接导致了运营方面的失误，公司出现了大额亏损。

对此，彼得·德鲁克建议经理人的上司应牢牢记住这条管理信条。彼得·德鲁克说：

"一个卓越的管理者不要让自己变成监工，而让手下的经理人变成一般小职员。"

后来，直到老福特的孙子福特二世接管公司，事情才出现了转机。这位当时只有20多岁的年轻人，一上任就看到了老福特的致命缺陷，所以很快任命了富有管理才能的布里奇当副总裁。

因为他十分清楚自己太年轻了，没有太多的管理经验，而公司面临问题又是过去公司集权导致的人才缺失、管理失衡。如果要从根本上解决这一问题，首先必须为自己找一些管理能力很强的帮手，其次是注重分权，再次是制订现代管理的新规则。

因为借用了一群类似布里奇这样能干的人，出任重要职务，公司的团队再次生龙活虎。10年之后，福特汽车这家曾经面临崩溃的公司，又重新夺回了汽车市场第一的宝座。

独木难支，一个组织、一个团队如果没有一批强有力的管理者，必定走向衰败甚至毁灭。

(四)掌握授权与控制的辩证法

适当地授权对于减轻自己的工作负担,从具体琐碎的事务中解脱出来,集中精力谋全局、想发展,增强组织的凝聚力和战斗力,发挥下属的专长,建立团队精神等都具有十分重要的意义。

在授权时,管理者应注意以下三点:

第一,抓住不该放的主要权力,其他权力根据具体情况适当下放。

如现代管理学之父彼得·德鲁克,在研究通用汽车公司分权制度之后,写出《公司的概念》一书,提出公司总部只需牢牢把握三方面的权力:

(1)把握和决定公司的战略方向。

(2)控制人事权。

(3)掌控公司的资金运作。

而其他的企业权力,都可以授权给下属的事业部行使。

第二,权责一体。

授权的同时强调权责一体,即有多大的权力就应担负多大的责任。一方面约束了被授权人,另一方面是有效工作的保障。

第三,唯才是举,用人要疑。

在以往,既然授权,就要以信任为本,放手让下级开展工作。所谓"用人不疑"。

但是,在当代,海尔集团提出一个新理念:"唯才是举,用人要疑。"

这不仅有新意,其实也有价值:任何权力,都不是不受监控的权力。任何干部都要按照规章制度办事,接受有关部门的审计和监督。

这样,干部可以在自己的权责范围里,放开手脚去工作,同时又受多种制度和有关人员监控,这样就避免了许多问题发生,更难出现因为授权而胡作非为的事情了。

授权是放权,但放权并不是放任。

三、关心所有人,关注几个人

在我为中层管理者做培训时,发现很多人普遍面临着这样一个问题:

面对自己的团队,总无法指挥、协调好每一个下属。

中层管理者不但要做好自己的工作,还要花时间和精力去关照每个下属,往往感到力不从心,顾得了这个人,就顾不了那个人,总有照顾不到的地方。

对此,大多数中层管理者极为苦恼,常常问我该如何才能在一个团队中扮演好指挥家的角色。

每当此时,我就不禁想起我曾经的一个上级的做法。

我刚刚毕业不久,在《湖南日报》做记者。我所在的经济部,有一个叫刘荣森的主任,是我的上级。

和我同在经济部的还有几个刚刚毕业的大学生,由于年轻,都个性十足。那时的我,只要自己认为对的事情,就非得坚持,而且由于年轻气盛,对什么事情都爱挑刺。

另外几个同事,虽然都很有才华,可也各有各的毛病,各有各的脾气。我们这几个人,是报社的领导公认的最不好管理的一批。

可就是这样几个让人头痛的记者,偏偏在刘主任的管理下,却一个个变得非常出色,每一个都成了才,并且在工作中获得了多个重要奖项。

刘主任有一个很特别的习惯，就是每次出差都只带一个下属，而且每次带的人都不一样。

有一次，刘主任带我出差，一路上他不停地夸我，其中有一句话我至今都记得非常清楚：

"如果写表扬稿，谁写都可以，但如果要写批评稿，就非你莫属。"

这句话不仅大大满足了我的自尊心，而且也让我树立起了巨大的自信，对工作也充满了前所未有的激情。

其实他不仅仅对我，对其他的员工也是一样。

就这样，经济部在他的带领下，变得有声有色，多个国家级的奖项都在我们部门产生。

后来，我担任香港某公司中国区总裁，正好回到湖南，我便去拜访了刘主任，并向他提出了这样一个问题：

"我们都是那么难管的人，为什么到了您的手下却变得服服帖帖呢？您的绝招是什么？"

刘主任听了呵呵一笑，对我说了一句话：

"关心所有人，关注几个人。"

我细细玩味他这10个字，觉得虽然朴实，但的确把握了管理的精髓。

（一）实现全面性与重点性的统一

关心所有人，顾名思义，就是关心团队中的每个成员。

而关注几个人，就是对几种人进行特别关注。那么，值得我们特别关注的是哪几种呢？

第一种：最优秀的员工；

第二种：最落后的员工；

第三种：想成长但处于瓶颈的员工。

这三种人，是一个团队中最需要给予关注的。

这句话给了我很大的启示，一直到今天，我成立了自己的公司，自己做了老总，也是如此对待我的下属，而且还教会我的中层员工这样对待他们的下属。

是的，作为一个中层管理者，你必须关心所有的团队成员，但是一定要关注几个人。

（二）对"自燃型员工"要格外重视

"经营之圣"稻盛和夫把人分为三类：

一是受到别人激发而热情洋溢，这类人属于可激发性的人；

二是即使受到别人鼓励也激不起热情，这类人属于不可激发性的人；

三是能自己生发出热情，这类人属于自我激发性的人。做事心中有数的人，必须能自己激发起自身的热情。

要成就一番伟业，必须做能够自我燃烧激情的"自燃型"的人。稻盛和夫把它表达为"自我燃烧"。他经常对部下说：

"不燃性的人不必留在公司。希望你们成为自我燃烧的自燃型人。至少是当靠近燃烧的人时能一起燃烧起来。"

那么，作为管理者，"关注几个人"，就要强调对自燃型员工给予头等肯定。这样做的目的，一是让团队形成更好的自觉型文化，二是让"自燃型员工"更好地成长。

给"自燃型员工"更多的关心与肯定，有时会产生想象不到的效果。且看这样一个故事：

二战的时候，在美国的一个军队中，有一名叫克雷默的中层军官。

他很有才华，同时也对周围的士兵很关心。

在一次讲演训练中，有一个年轻士兵的激情演讲，给克雷默留下了深刻的印象。自此，他就格外关注那个士兵。

通过一段时间的接触和了解后，克雷默发现，这个士兵不仅有活力和干劲，还非常热爱学习。

由于这个士兵在入美籍之前是个德国难民，于是克雷默就推荐他去欧洲的战场，做将军的德语翻译。这个士兵果然没有辜负克雷默，将工作做得非常认真出色。

后来，从战场上回来，克雷默又推荐这个士兵担任几座小镇的管理者。这个士兵将自己的管理才能发挥得淋漓尽致，将小镇管理得井井有条，有声有色。

几年以后，这名士兵即将退役。当时只有中学学历的他想要按退伍军人法案的有关规定到纽约市立学院去读书。

当克雷默得知这个消息后，非常反对。他找到了那个年轻的士兵，对他说：

"绅士是不进市立学院的，他们都去哈佛大学。"

在克雷默眼中，这个年轻的士兵是不能被一所平庸的大学埋没的，因此他全力说服该士兵去著名的哈佛大学读书。

不仅如此，他还积极地替士兵安排，并在士兵念哈佛期间，不断地给他鼓励和支持，直到那个士兵获得了博士学位并留校任教。

而克雷默对那个士兵的关注，在士兵的人生道路中起到了不可忽视的作用。

对于克雷默，也许你并不知道他的名字，但是对于他所关注的那个年轻士兵，你绝不会陌生。

他，就是美国前国务卿基辛格。

与其说入伍改变了基辛格的命运，倒不如说克雷默的关注改变了基辛格的命运来得更贴切。若没有克雷默的关注、提拔和鼓励，这世上很可能就少了一个有巨大成就的人，多了一个平凡的小兵。

现代管理学之父彼得·德鲁克甚至在他的《旁观者》一书中这样言道：

"……基辛格正是克雷默造就出来的，克雷默发掘、训练了他；事实上，克雷默正是他的再造恩人。"

由此可见，"自燃型员工"有多大的潜能。能给他们更多关注，有时候就可将他们激励成为巨人。

四、用活奖罚两根指挥棒

每一位中层管理者手中，都应有两根指挥棒：一根奖，一根罚。

光奖不罚，则军心懈怠；光罚不奖，则军心不稳。

因此，一流的中层管理者，势必奖罚分明，该奖的要奖，而该罚的一定要罚，绝不能因为人情而心慈手软，必须要用活手中这两根指挥棒。

《孙子兵法》言：

"主孰有道，将孰有能，天地孰得，法令孰行，兵众孰强，士卒孰练，赏罚孰明，吾以此知胜负矣。"

意思就是说：哪一方的君主开明，哪一方的将帅贤能，哪一方占有天时、地利，哪一方的武器装备精良，哪一方的士卒训练有素，哪一方的赏罚公正严明，我们根据上述情况，就可预知谁胜谁负了。

奖罚如此重要。作为干部，要善用这两种手段。

那么，具体有什么要点呢？

第一，奖要"奖得眼红"。

也就是说，除了进行一般的"常态奖励"外，对重要倡导和强调的，要以格外突出的方式进行奖励，让有关的人都羡慕，甚至"眼红"，然后自发向这方面的榜样学习。

且看海尔集团是如何激发更多普通员工创新吧！

这种故事的传播，对企业的稳定发展起了十分重要的作用，大大地激励了员工的创造能力。

海尔集团冰箱中二事业部钣金公司订单经理李少杰，提起2004年8月3日还十分兴奋，因为那天晚上发生了一件让他难忘的事：

"中央电视台《新闻联播》播出了我的事迹。当时我在车间里还没下班，爱人打电话给我，那高兴劲儿可别提了！之后又有不少亲友打来电话祝贺。"

"这一段时间里，我在精益生产推进过程中取得了一些成绩，钣金线的节拍比前段时期20秒／台又有提高，达到19秒／台。这次企业选择我作为典型在中央电视台播出，让我更加明白：有创新，才能成功！"

对这一天，洗衣机事业部检验班长田丰青同样难以忘怀：

"8月3日晚上，我正在家看连续剧，突然接到了在外婆家的儿子打来的电话；我那铁杆球迷老爸连球赛都不看了，抢过话筒向我祝贺！"

"那是7月31日，中央电视台记者现场采访了我的创新成果。回家我把这事说了，没想到球迷老爸每到《新闻联播》时间就马上换频道，

第三章 是领头羊，更是指挥家

连亚洲杯也'忍痛割爱'，直等了3个晚上，终于看到了报道！"

"第二天一上班，迎接我的都是同事们祝贺的笑容，我简直就成了厂里的焦点人物！说真的，要不是在海尔集团，我做梦也上不了中央电视台。"

"就拿这项创新说吧，我只是提出了一个想法：使洗衣机的'耐压'和'接地'两个检测工序合二为一，厂里的技术人员就很快改造出了一台先进的仪器。要在别的企业，可能提也白提。真幸运，我是一名海尔人！"

原来，这个报道，是中央电视台来采访海尔集团要做的节目。本来要重点报道海尔集团的首席执行官张瑞敏，但张瑞敏觉得让基层干部和普通员工上中央电视台的节目更好，就把更多的时间给他们了。

这样的奖励，是不是让当事人的亲人喜出望外？是不是让更多的干部和员工羡慕？这样一来，海尔人参与创新的热情更高，效果也更明显了。

第二，罚要"罚得心跳"。

且看《孙子兵法》的作者孙武本人又是如何做的。

那还是在春秋战国时代，吴王读完《孙子兵法》后，就想见见孙武，看看他到底是不是一个真有才华的人。

于是吴王就找来孙武，问他：

"你的这些兵法，是否真像你写得那么管用？这样吧，我给你180个宫女，你去按照此法训练成精良的战士。"

孙武一口答应下来，立即着手训练。他把宫女们编成两队，挑了吴王最宠爱的两个妃子担任队长，让她俩持战戟，站在队前。

孙武将操练的要领和纪律都讲完了后，就喊口令让宫女们演练。可是他刚一喊口令，宫女们就都嘻嘻哈哈地笑了起来。

孙武说：

"约束不明，令不熟，这次应由将帅负责。"

于是反复说明。然后又击鼓，发出命令。妃子和宫女们又一次哄笑起来。

孙武说：

"纪律和动作要领，已讲清楚，大家都说明白了，但仍旧不听从命令，这就是故意违反军纪。队长带头违犯军纪，应按军法处置。"

于是他令人把两个妃子抓起来，要砍头。

吴王闻听大惊失色，急忙传令，让孙武不要杀他的爱妃。

可是孙武说：

"我既已受命为将，将在军，君命有所不受。"当即把两个妃子一同斩首。又指定另外两位妃子任队长，继续操练。

当孙武再次发出口令时，所有的宫女都服从命令，而且严肃认真，举手投足都合乎要求。

于是孙武就向吴王报告，这两队宫女士兵已训练完毕，完全达到战时可用的标准。

可是吴王对于两个爱妃惨死刀下的事情还耿耿于怀，对孙武也爱答不理，十分冷淡。

这时，孙武诚恳地对吴王说：

"令行禁止、赏罚分明，这是兵家常法，为将治军的通则；用众以威，责吏从严，只有三军遵纪守法，听从号令，才能克敌制胜。"

这一番话，讲明了奖罚的重要性，说得吴王心服口服，不但怒气随之消失了，还诚心诚意地拜孙武为将军。

后来，吴国军队在孙武的严格训练下，纪律严明，战斗力很强，使吴国在当时威名远扬。

第三章 是领头羊，更是指挥家

孙武的这个故事，让人想起一句话"杀鸡给猴看"，但他不是这样，而是"杀猴给鸡看"。

不得不说他的做法很有作用。因为"杀鸡给猴看"，有时鸡杀了，但猴子还在一边偷着乐，根本起不到威慑教育的作用。

但是，"杀猴给鸡看"就全然不同了，起的威慑教育作用，立竿见影。

这样的做法在现代也是可以借鉴的。我们且来看联想集团在创业阶段，如何治理开会迟到这一问题吧。

为了惩治有人迟到的不正之风，联想集团定了一个规矩，凡开会迟到者都要罚站。

柳传志回忆说：没想到第一个罚站的人是我的一个老领导。他罚站的时候，站了一身汗，我坐了一身汗。后来我实在过意不去，就跟他说："今天晚上我到你们家去，给你站一分钟。"

不仅如此，在媒体的一次采访中，柳传志表示：

"我也被罚过三次。"令众媒体记者惊诧万分。

他描述说：公司规定，如果不请假而迟到就一定要罚站。但是这三次，都是我在无法请假的情况下发生的，比如：有一次被关在电梯里边。

在20个人开会的时候，迟到的人进来以后会议要停一下，静默地看他站一分钟，有点儿像默哀。

柳传志的三次罚站，尤其是最后一次，直抵人心。为了让这个制度切实实行下去，他作为老总也和所有的员工一样，甚至对自己要求得更加严格。

这样的"罚"，的确是"罚得心跳"。效果也十分显著。

第二单元 最好的中层怎样做

第一章 与上级有效沟通

一、读懂上级的"三心"期望
二、下级更要当有效沟通的主人
三、重视"印象统治着世界"
四、提意见时，请带上你的解决方案
五、让自己的意见更易被领导采纳的方法
六、有效修复与上级关系的裂痕
七、重视"暗试比明试更重要"

有这样一个管理学观点：70%的管理问题是沟通问题。光做好工作是远远不够的。

而对中层管理者而言，沟通牵涉到与上级、下级、同级、客户及其他有关方面的沟通。

在这多种沟通中，首要问题就是与上级沟通。

中层是上下级之间的桥梁，沟通则显得至关重要。与上级的有效沟通，不仅对上级有着重要的作用，对下级也有着同样重要的作用。

对组织与上级的价值：

（1）增进下属对上级的理解，使上级能够更愉快和更顺利地开展工作。

（2）团队更协调，管理更通畅，效率更高。

（3）由于上级与下级员工们都更身心愉快地工作，单位更具有创造性与吸引力。

对下级的价值：

（1）消除上级对你的误解，以免给自己和他人带来不必要的麻烦。

（2）让你的能力和努力得到上级高度肯定。

（3）让你有更快的发展速度和更大的发展空间。

不夸张地说，一个中层管理者若要在组织中取得最大的成就，创造最理想的气氛，并获得更多的机会与发展空间，关键还在于有效沟通，而且要把与上级的沟通，摆到首要位置。

一、读懂上级的"三心"期望

中层与上级的沟通，牵涉到许多方面。如果从单位、团队以及中层个人的发展角度来考虑，那么首先要考虑的，是上级对你有什么期望。

我的大学同学李而亮，毕业后从人民日报记者干起，经历了中层到中央大报一把手的过程。他根据自己的体验，提出不管在怎样的单位，上级都对下级有如下三点期望：

1. 放心：即工作安排给你，他不需要再担心。
2. 省心：即因为你的出现，会减少他的工作量。他可以将时间用到更重要地方去。
3. 称心：你对工作有高标准严要求。你干的工作，总能让领导满意，甚至超出他的期望。

他从他多年来的工作经验中得出一个结论：

在坚持原则的情况下，凡是能这样做的下级，往往是发展最快的人。的确如此，我们且看一个生动的案例：

卫哲从大学毕业刚刚20岁出头，在被称为"中国证券之父"的万国证券公司录取，在总经理管金生身边做秘书。

同样是做秘书，但卫哲这个秘书却做得有点与众不同。

比如，倒茶这种小得不能再小的事，一般的秘书可能给老总倒上一杯茶后，等到茶杯里的水快没有了，就再添一杯。

但卫哲却不是这样，连倒茶都倒得很有水平和思路。

首先，他会研究老总最爱喝什么以及不同时间喝什么。这样，喝什么，什么时候喝，不用等老总吩咐，卫哲就已经做好了。

另外，刚上班时、开会时，他都会提前把领导需要的茶水倒上。

就连杯子怎么放，他都有讲究：

一是杯子不能放在靠近资料的地方，以防不小心洒了弄湿了资料；二是杯子把手要调整到领导方便拿到的方向。

再来看给老总做翻译。一般的秘书，不管有用没用，都是逐字逐句给老总翻译。而卫哲却能根据老总的思维方式，把翻译过来的意思用最精练、最有效的语言表述出来。

同样是摆放文件，其他的秘书都是按时间先后顺序放在老总的办公桌上，而他呢，却是按照重要的程度摆放。

就是通过这一件件小事，老总觉得这个年轻人真不错，再让他做秘书就是屈才了，于是开始带他进入高层会议，24岁的他，就出任了上海万国证券公司资产管理总部的副总经理。

之后卫哲的发展也是有目共睹：任职百安居中国区总裁，成为最年轻的世界500强中国区总裁，被评为"中国零售业十大风云人物"，后来，卫哲加盟阿里巴巴，出任阿里巴巴集团副总裁……

可能很多人都觉得卫哲的发展不可思议，但看了他做事的上述细节，就会明白，他正是根据上级的需求，安排自己的工作，并把工作做到位：

1. 时刻明白职位对自己的要求是什么，像秘书，就是做好服务工作。

2. 了解服务对象的工作习惯和喜好是什么。这样就能在工作中形成最好的默契，省去很多不必要的麻烦。

3. 什么事情，都多想几个"可能"，防止意外的发生和出现。

就像卫哲不会将杯子靠近资料摆放，就是怕万一杯子里的水洒出来弄坏了资料。永远不要等问题出现了再去解决，而要懂得防患于未然。

4. 永远先想怎么能够让别人更方便。就像卫哲在给领导做翻译的时候，能按照领导的思维习惯去翻译，放资料的时候按照资料重要程度去摆放。

……

像这样的下级，怎么能不让上级"放心""省心""称心"？怎能不获得更好的发展机会呢？

从组织行为学的角度来讲，下级就该是上级的得力助手。中层干部如果在坚持原则的前提下，也能以满足上级"三心"的标准要求自己。那么，工作必然会更加到位，对团队和组织的作用也就越大，自己发展的速度也可能越快。

二、下级更要当有效沟通的主人

在我给中层管理者做培训时，学员反映最多的一个烦恼，就是无法与上级沟通。

他们都认为，上级不是对着自己乱发脾气，就是乱下命令。往往弄得他们既满肚子委屈，又使得自己的团队受到影响。

于是我就问那些学员：

"那么你们有没有把你们的想法或种种情况跟上级沟通呢？"

他们大多摇摇头表示没有，有的甚至说：

"他是领导，自己不去了解情况，出了问题就往我身上推，我一个下级能说什么？"

我笑了笑说：

"谁说必须要上级主动来和你沟通？这其实是个误区。下级更要当有效沟通的主人！"

中层管理者应该主动和上级保持及时、良好的沟通。其重要性主要体现在如下几点。

（一）消除上级对你不必要的误解

的确，很多中层都没有主动和上级沟通的意识，导致工作中产生了很多误会，不仅耽误了组织的发展，更使自己丧失了发展机会。

在一次培训中，一位姓王的学员给我讲述了让他难忘的一次经历：

王先生曾经是北京某著名公司的部门经理，由于业绩突出，上司一直很器重他。

但有一段时间，他发现尽管自己业绩做得不错，但在业务会上，上司却很少表扬他，甚至对他有些冷淡，倒是那些业绩平平的同事成了上司经常夸奖的对象。

他觉得有些不对劲，几次想跟上司沟通，可每次走到上司的办公室门前，他又犹豫起来，瞻前顾后、怕这怕那。

直到有一天，上司通知他提前去财务科领工资，他才知道自己被公司解聘了，他当时觉得很气愤，但又百思不得其解。

最后他才从一个要好的同事那里得知，他之所以被辞退是因为有同事嫉妒他的出众业绩，向上司打小报告诬陷他在外偷偷兼职，因此引起了上司的不满。

这完全是一个误会，本可以通过沟通解决，但由于他的不主动，致使事情发展到了无法挽回的地步。

在工作中，出现摩擦和误会是常事，不仅员工之间如此，上下级间也是一样。当上级对你产生了误解或者你心里有解不开的疙瘩时，你该怎么做？

是保持沉默、被动地等待上级来找你沟通，还是有意识地做和上级沟通的主人？

职场中的很多人，可能都会选择前者，因为他们有一个错误的观念：沟通是自上而下的，若是下级主动去找上级沟通，有可能会让上级认为是在找借口。这其实是非常错误的观念。

找借口和主动与上级沟通是两个完全不同的概念，前者是对工作的不负责任，而后者是主动让上级了解实际情况。

沟通是主动还是被动，会带来截然相反的结果。

（二）避免误解上级

有时候，我们对上级的有些看法，往往也不一定正确。这时候，如果主动去与上级沟通，就能避免和解除误会。

在这方面，墨子的学生耕柱就做得非常好。

耕柱是墨子的得意门生，不过，他老是挨墨子的责骂。

有一次，墨子又责备了耕柱，耕柱觉得非常委屈，因为自己是大家公认的最优秀的人，却偏偏经常遭到老师的指责。他越想越不平，于是跑去问墨子：

"老师，难道我真的如此差劲，以至于要时常遭到您老人家的责骂？"

墨子听后，十分平静地说：

"假设我现在要上太行山，依你看，我应该是用良马来拉车，还是用老牛来拖车？"

耕柱回答说：

"再笨的人也知道要用良马来拉车。"

墨子又问：

"那为什么不用老牛呢？"

耕柱回答说：

"理由非常简单，因为良马足以担负重任，值得驱遣。"

墨子说：

"你答得没错，我之所以时常责骂你，也只因为你能够担负重任，值得我一再地教导与匡正你。"

耕柱一听，恍然大悟，从此当老师再责骂他的时候，他都会心平气和地听，认认真真地改。

耕柱并没有拘泥于传统的等级观念，让自己陷在猜测和怀疑的泥淖中，而是主动和老师沟通，向老师诉说自己心中的顾虑。

这样既打消了耕柱心中的疑团，也避免误会老师。又让他放下了包袱，轻装"上阵"，同时，也使老师感受到了他的主动和诚恳，从而更加信任他，给他更多的指点和机会。

这个故事给了我们很大的启示：

作为中层，我真的读懂我的上级了吗？

我真的了解了上级所要表达的意思吗？

我是只看到了表面，还是真正理解了上级的深意？

……

（三）"读懂"上级，能让你与上级更积极互动

了解是做事的前提，而这一点对于承上启下的中层来说尤其重要。

中层的角色有两重：一方面，是一个部门甚至是几个部门的领导者、承担者和负责者，另一方面，也是上级的最得力的助手和最有力的支持者。

这两重角色决定了中层全面了解上级想法的重要性，只有读懂了上级，才能和上级的想法一致，让你和组织大踏步前进。

对于每一个中层管理者来说，读懂上级，和上级的步调保持一致，是获得更大发展的不二法门。

一位在一家国内知名企业工作的学员，分享了一个他了解上级的小技巧。

"平时我很注意老总最近在读什么书，他读的书我都会买来用心看。而且我还很留意老总最近喜欢和什么样的人交往，其中一些人的传记我都会买来仔细阅读。从这些书中，我能大致了解老总近期关注的焦点是什么，以及下一步将有怎样的战略。掌握了这些信息之后，我就会对工作做适当的调整，以更符合老总的思路。这种方法非常有效。"

这时，另外一个学员对此提出了尖锐的反对意见：

"我认为这样做，是迎合奉承、拍马屁。"

我并不赞同他的这种说法，于是我问了他几个问题：

"你之所以选择现在的这个单位，是不是因为你很看好这个行业，认为单位很有发展前景？"

他点了点头。

我接着又问：

"你之所以愿意跟随你现在的领导，是不是因为你觉得他很有能力和魄力，是值得你追随的人？"

他又点了点头。

这时，我对他说：

"既然你认为自己选的路是对的，跟的人也是对的，那么你肯定希望在这里得到最大的发展。而这样的发展来自哪里？毫无疑问，就是和你选的路、和你跟的人保持一致。"

要读懂上级并不难，你可以先问自己以下这些问题：

单位的发展方向是什么？

上级最大的兴趣和爱好是什么？

上级最欣赏哪一种做事方式？

上级最器重哪一类人？

上级目前遇到的最大困难和瓶颈是什么？

上级对我的期望和要求是什么？

上级遇到最大的压力是什么？

上级处理压力的方式是什么？

……

如果你对这些问题对答如流，表明你对上级很了解，如果你答不上来，也没有关系，从现在开始，带着这些问题去了解你的上级，也能促使你更快地与上级互动。

（四）让你的工作更好得到上级支持和重视

有些问题对你来说或许很重要，但对上级来说未必重要。

我们常常说：上面一根针，下面千根线。你面临的问题对于你的部门或你自己来说可能是最重要的，但对于一个要同时面对很多个部门的上级来说，你的问题只是他要解决的众多问题中的一个，甚至从全局来看，它只是一个次要的问题。

这时，如果你不及时主动沟通，这一问题很可能就会被上级淡化甚至忘记，最后失去该有的理解和支持。

所以，中层更要当好上下级沟通的主人。

三、重视"印象统治着世界"

法国著名政治家、军事家拿破仑说过一句名言:

"印象统治着世界。"

其意思是,在人与人交往的过程中,事情的本来面目固然重要,但很多时候,事物创造的印象,支配着人们的想法。

作为一个中层管理者,应该以实际的成绩给上级创造好的印象。与此同时,你也要对自己的言谈时刻留意,避免让上级和大家对你产生不好的印象。

(一)身正也怕影子斜

在工作中,我们往往信奉这样一句话:身正不怕影子斜。

但实际上,有时候"身正也怕影子斜",因为你认为对的,别人不一定认为对,你认为问心无愧,但别人可能认为你另有目的、居心不良。

所以,真正智慧的人,在"身正"的同时,还会注意自己的言行,多想想自己会给别人造成什么样的印象,避免引起不必要的误会和阻力。

很多误会和阻力的产生,往往并不是出于你的本意,只是在无意中造成的,甚至来源于一件很不起眼的小事。

孔子曾经带着弟子们周游列国。因为行踪不定,有时候难免忍饥挨饿。

一次,孔子几天没有吃饭了,好不容易碰到一户好心的人家,给了他一点米。于是孔子将这点珍贵的米,交给了弟子颜回去煮,自己则在一边睡觉。

当孔子醒来时，却看到了一个自己根本想不到的景象：颜回居然正偷偷地把煮好的米饭，放进嘴里。

孔子非常生气，他万万没有想到，自己最信任的弟子，居然在老师几天粒米未进的情况下，自己偷偷地先吃。

但是孔子非常有修养，他并没有当面指出，只是走过去，很平静地问颜回说："饭煮好了吗？"

颜回回答说：

"已经煮好了。"

孔子仍然不动声色地说：

"你好好准备一下，我们用米饭先敬一下祖宗吧。"

颜回一听，急忙摆手说：

"不行不行，刚才我煮饭的时候，有灰土掉进去了，将一团饭弄脏了，如果扔掉太可惜了，给别人吃又不合适，于是我就自己吃了。已经吃过的饭是不能够用来祭祀的啊。"

这时，孔子才明白，自己错怪颜回了。

试想一下，若孔子没有让颜回用米饭敬祖宗，那么这个误会就一直会存在，孔子对颜回的不可信、不诚实的印象或许就会永远定格，最终让孔子对颜回失去信任。

即使是像孔子这样的圣人，也有可能凭自己的印象来评判自己最器重的弟子，更何况是我们这样的普通人？

虽然出现误会是很平常的事，但一个人的坏印象一旦形成，若得不到及时纠正，后果是十分可怕的，甚至可能会变成一个恶瘤，横亘在你和上级之间，成为你进一步发展的巨大障碍。

因此，一个聪明的中层．不仅会尽量让自己的言行举止避免被人误会．而且发现这种苗头，会及时加以调整。

赵小姐是一家公司软件测试部的测试组长。有一段时间，赵小姐那组的项目经理，也就是她的顶头上司，因为要照顾怀孕的妻子，每每分身乏术。

热心的赵小姐看他实在忙不过来，于是主动提出帮他分担工作，而且每次都能高质量完成，这让她的上司感激不已。

后来，这个项目经理请假了一段时间。

在这期间，项目经理将很多工作交给了赵小姐。本就热心的赵小姐更是认真负责，并多次得到了公司的表扬。

但是，在项目经理回来后，赵小姐感觉他对自己的态度开始变得不冷不热，有时甚至会故意冷淡她。本来一些属于赵小姐的机会，也被分派给了别人。

摸不着头脑的赵小姐非常委屈，觉得自己这样帮助上司，竟然费力不讨好。但是，静下心后，她突然想到：最近在部门里有一些要换项目经理的风言风语，而自己这样一味地表现，会不会让上司产生误会呢？

有了几分头绪的赵小姐开始转变自己的作风，不再主动做额外的工作，而且处处表现出对上司的尊重，当她做的测试报告得到公司的表扬时，她会谦虚地说，这份报告是在项目经理的指导下完成的，而且不时有意无意地告诉同事，自己很看好上司。

几个月过去了，换人的谣言渐渐平息，赵小姐和上司又恢复了以前融洽的关系。

赵小姐的处理方式很智慧，她以平静而且平和的方式化解了一场潜在的危机。

（二）管好你的舌头

"其实，我不是那个意思。"

"我只是说话比较急而已，并不是想要指责或伤害你。"

这样的话，我们很多人都不陌生。

然而，说出去的话，就像泼出去的水一样，是收不回来的。管不好自己的舌头，往往就会造成严重的后果，惹上天大的麻烦。

贺敦是北周大将，能力很强但忍耐力差，尤其是管不住嘴巴，导致最终被权臣杀害。在将死之前，他叫自己的儿子贺若弼过来，并趁其不备，用锥子一下将其舌头刺得鲜血淋漓。

他悲愤地对儿子说："我就是由于管不住舌头才吃这么大的亏。你一定要记住我的教训。"

父亲生命的代价，和自己舌头所受的这一刺，使贺若弼深深懂得一个人生的大道理：谨口慎言关系到生死存亡。在相当一段时期内，他都遵从父亲的遗言去做。

但后来，他当上了隋朝的大将军，位高权重。父亲的教训又被渐渐忘于脑后，最后他也犯了与父亲同样的错误，被皇帝赐死。

父子两代都因为管不住自己的舌头而丧命，这样的教训实在太深重了。

在蒙牛乳业集团的办公楼墙上，写着这样一句话：

"一个人脾气嘴巴不好，心地再好也不能算是好人。"

美国"民族之父"富兰克林更是指出：

"傻瓜的心长在嘴上，聪明人的嘴长在心上。"

我们要记住这样的格言，说任何话，都要考虑会有什么后果。

（三）用智慧改变上级的偏见与成见

在现实中，有时免不了会给上级留下不好的印象。

那么，该怎么办呢？那就要注意：

第一，采取主动的态度，直接或找能影响上级的人，去与领导沟通，以消除不好的印象。

第二，用巧妙的方式来改变上级的认识。

小刘是公司市场部经理，一天，老总把他叫进了办公室，很生气地说道：

"我一连好几天都看到你们部门的小张迟到，你们部门是怎么搞的，这么散漫，你看看人家人事部、宣传部都是怎么做的？"

事实上，小刘很清楚，自己部门的员工都很努力，小张几次迟到也是因为家里有事。但老总却因为小张一个人而对整个部门产生了不满。

对此，小刘并没有辩解，而是说：

"您说得很对，我也批评过他了，就算是家里有事，也不能三天两头迟到。"

"小张家里有事？"

"是啊，他母亲开刀住院了，他每天下班后都要去医院照顾她，有时候半夜才能回去。"

"原来是这样啊，那的确是情有可原。"

老总脸上的表情明显缓和下来了。

"其实我们部门的员工都还是很敬业的，其他员工从不迟到，前几天，为了和法国合作的那个项目，小陈和小林他们连续几天加班到凌晨两三点。"

"是吗？原来为了顺利合作，他们确实做了很多努力啊，下次在全公司的会议上，我得好好表扬表扬他们。"

就这样，小刘不仅用巧妙而智慧的语言消除了老总对自己部门的偏见，还进一步赢得了老总对他们的信赖，让自己部门在工作中多了一份助力。

有时候，采取类似"绵里藏针"的方式，往往能达到更好的沟通效果。

四、提意见时，请带上你的解决方案

我在清华职业经理人培训班上课时，一个老总曾分享过这样一件事情：

他的公司刚成立时，本来公司就小，加上刚刚起步，举步维艰，正是需要大家齐心协力的时候。

但让他没有想到的是，才短短的两个月不到，他的员工就集体"发难"了。

一天早上，他刚进办公室，他的助理就带着其他几个员工进来了，说是要向他"提提意见"，和他"好好谈谈"，很有点咄咄逼人的气势。

接下来的3个小时中，他完全被淹没在滔滔不绝的指责和抱怨中。

他几乎有一种错觉：他是员工，他们才是老板。

他们不停地抱怨说公司的定位不对，不符合客户的需求，等等。

不能说他们的意见没有一点道理，毕竟公司才刚起步，确实有很多需要完善的地方，但事实并没有糟糕到像他们所说的那样。

而且这样的方式令他在情感上也无法接受，他更需要的是具体的改进方法，而不是一味地指责和抱怨。

但自始至终，他们都只是带着一种发泄自己内心不满的情绪来提

第一章 与上级有效沟通

意见。这位老总几乎没有听到一句有建设性的话语。如自己该做什么？我们该如何共同努力？怎样才能做得更好？

这样提意见的结果，当然可想而知。

后来，在无法改变这几位员工认知的情况下，他只好重新招人。

在谈到为什么非让这些员工离开时，这位老总说：

"原因很简单——我需要建设的力量，不需要破坏性的力量。"

从此，他对每一位进入公司的员工都会提这样一个要求：

"公司欢迎大家提意见，但提意见的同时，必须带上你的解决方案！"

其实，这并非是这位老总的个人想法，而是许多领导共同的要求，他们并不怕别人提意见，就怕别人只有意见却没有解决方案。

作为一个优秀的中层，你一定要认识到：

既然你是问题的发现者，你也要自觉地成为问题的解决者。这样不仅体现了你的负责精神，同时也能让你不断提高解决问题的能力。

当你带着解决方案向领导汇报的时候，你不仅能让领导觉得你具有负责的态度，而且能得到别人的支持与帮助。

方案是否完美并不重要，而有这样负责的态度才重要。

凌志军在《联想风云》一书中，有篇名为《开放"牢骚市场"》的文章，讲述了这样一个故事：

王平生刚进联想集团时，正逢该集团出现了一场大的风波。员工情绪很乱。老人怀疑年轻人的忠诚，年轻人忧虑老人的压制，两代人之间的裂痕清晰可见，而所有人都在抱怨公司的领导……

王平生看出员工的信心发生了变化："经济上损失几百万，是看得见的。人心方面的损失，却看不见啊。"

他认为：如何理顺人心，是作为总裁的柳传志最应该关心的问题。而他觉得自己正可以帮助柳传志做好这份工作。

于是，王平生找到柳传志，说："你现在有麻烦了。公司就像一口柴锅，盖子焖得紧紧的，底下还在拼命烧，蒸汽越来越大，如果不找一个出口，我担心要爆。"

这个问题，其实也是柳传志很关心也最烦恼的问题，于是问他：

"那你说应该怎么办？"

"依着我，很干脆，开放'牢骚市场'。让大家充分地提意见。"

听他这样说，柳传志一下就急了，说：

"这怎么行啊？王平生，这一年大家发牢骚的劲头你可都看见了。我最烦的是，在企业里做事的人端起碗来吃肉，放下筷子骂娘。你居然给我出这个招！"

王平生却不急不忙地对他解释：

公司是个利益集团，也是矛盾体，无论你拥有多么强烈的理想和信念。这就像一个国家一样，各种因素交织在一起，纠缠不休。你怎么解开这个结，怎么把方方面面的立场梳理清楚，怎么既维护利益的公平又保持大局的平衡，这都不是教科书上的知识……

柳传志虽然能理解这些道理，但他心中仍有顾虑。于是，王平生拿出了具体的解决方案，具体说来，就是分三步走：

第一步：召开员工座谈会。把大家的意见梳理出来，哪些问题要马上解决，哪些问题解决不了但要解释清楚。

第二步：指出员工应该做什么。

第三步：回击那些恶意中伤的人。

王平生还说，这是学习毛泽东的谋略。"让他发牢骚的时候他不说，等关闭牢骚市场的时候他再说，就坚决反击他。不这样做就不能让大多数人同心同德。"

这个方案一提出，柳传志就很高兴地采纳了，并表示要"亲自来和大家谈"。座谈会连续开了6次……

等到这一系列座谈会开过之后，柳传志代表总经理室向全体员工做自我批评，又一一回答大家的问题。公司上下的紧张空气就这么松弛下来，又可以轻装前进了。

这个事例也是一个主动发现问题并有效解决问题的事例。我们可以学到如下智慧：

（一）比领导更主动地发现问题

照一般的思维，领导应该比下属更容易发现问题，但未必总是如此。有时领导太忙，有时因为思维上的盲点，有时因为人性的弱点，他也不敢正视问题。这时下属有责任去帮助他发现，并向他指出。这不是当生活的"检察官"，更不是与领导过不去。恰恰相反，这是对领导以及对团队的高度负责。

（二）只要有道理，不怕"哪壶不开提哪壶"

分析王平生向柳传志提建议这个案例，其中有一点格外耐人寻味：因为公司本来就是怨气冲天，照常规思维，怨气应该是越来越少才好。领导也会这样想，你却偏偏要开放"牢骚市场"，那不是"哪壶不开提哪壶"吗？

但是，王平生从公司不单是讲理想的地方，也是不同利益的组合这个角度，从矛盾论的角度，让柳传志明白了开放"牢骚市场"的必要性。这说明：只要有道理，领导哪怕刚开始有些抵触，但最终也会听取。

（三）方法要得力，最好是"有理有利有节"

这的确是学习毛泽东的策略。看他提出的那三条，既有尊重，也有要求，还有处罚。这样的措施，往往是得力的，也是最容易被领导接受的。

五、让自己的意见更易被领导采纳的方法

每个中层都希望自己的意见能更好地被上级采纳。

但不少中层都遇到过这样的情景：明明自己提的意见很好，但上级总是不予理睬，有时甚至表现出对自己意见的反感。

尤其是当有不同意见的时候，如果处理不好，还会引发与上级不必要的矛盾。

这的确是一个困扰很多中层的问题。那该怎么解决呢？

（一）避免沟通的"雷区"

谁都有自己最不喜欢别人的行为。那么中层与上级沟通，就必须了解在沟通中上级最讨厌下级的行为是什么。

经过我们的调研，下面几种行为就是上级最讨厌的。中层干部们应该仔细检查自己身上是否有这些行为，并尽力避免。

当众让他难堪；

情绪化严重，一句话没说好，就开始激动；

总是发牢骚、抱怨；

一有问题就找领导，既没有自己的主见，又没有解决问题的方案；

一有失误，就找借口，想尽办法推脱；

以极端的方式提意见，不考虑合理性，也不考虑领导能不能接受。

第一章 与上级有效沟通

……

上面这些问题，实际上是沟通的"雷区"，要尽量避免。

如针对当众使上级难堪这一问题，你可以尽量以冷静而客观的方式，智慧地提出不同意见，也可选择私下当面沟通。因为私下进行面对面的直接沟通，除了可以运用语言艺术外，还可以运用表情、肢体语言来清晰完整地表达自己的意思，更可以看到领导的反应和面部表情，可以及时调整自己的讲话方式。此外，如果面对面的直接沟通对你来说还存在一定的压力，那么选择通过电话、电子邮件、微信等也是不错的沟通方法。

这里重点强调一下：不要以极端的方式提意见。

在我培训过的学员中，有一位刘先生的经历很特别，因为他是"半个博士"——博士只读了一半就退学了，不过他退学的原因跟世界首富比尔·盖茨可不一样，比尔·盖茨是为了创业，而他是因为赌气。

刘先生非常有才华，为人也很朴实。考上博士后，深得导师的喜爱，并安排他在实验室里工作。

刘先生是个极其认真的人，在工作中管理得非常严格，容不得任何差错。哪怕同事不小心打碎了一支试管，都会受到他严厉的批评和指责。

他这样认真负责本来没什么错，但却过于死板，不知道变通，结果弄得人际关系非常紧张，同事纷纷告他的状。

导师找他谈了一次话，首先肯定了他的工作，同时也委婉地转达了同事对他的看法，并希望他在工作方法上做一些适当调整。

导师本来是一片好意，但没想到却激起了刘先生极大的反感，他认为自己这种认真的工作态度没有错，是同事在无理取闹，于是他对导师说：

"我有自己做事的原则和方法，我不认为自己有做得不对的地方，所以没有必要做调整。"

之后导师又找他谈了几次话，但还是没什么效果，他仍然是我行我素，结果和同事之间的矛盾越来越激烈，甚至到了不可收拾的地步。最后导师只好让他辞去实验室的工作。

导师的这一决定让刘先生先是十分惊讶，既而万分愤怒，他觉得自己忠心耿耿，认真负责，却遭到这样的对待，实在是太不公平。

他越想越想不通，于是找到导师，跟他大吵了一架，吵完之后他仍觉得不解恨，竟然做了一个完全出人意料的举动：退学。

来参加我的培训时，刘先生已经从学校退学4年了。

现在的刘先生在一家公司做中层，回首当年的做法，他很是后悔。因为一时的冲动，而做出了令自己懊悔终身的决定。

他总结了这样一个观点：

"尖端之时不极端，绝地之处留余地。"

并做了这样的一段分析：

"向领导提意见，一定要理性不要冲动，更不要极端。给自己留有余地，就是给别人留有余地；同样，给别人留有余地，也就是给自己留有余地。"

刘先生的这句话，可谓是给自己这段经历一个最好的总结。是的，无论是做人还是做事，皆应如此。

有了这样的认识，刘先生的心态也发生了改变，他踏踏实实地从基层做起，走上了管理岗位。

刘先生的经历告诉我们，一个一流的中层，必须要懂得以长远的眼光来看待问题，做任何事情都要留有余地。而且，以平缓的谈话方式，以理性而非极端的形式去表达，更容易让上级接受。

每个人都有自己的个性、为人处世的原则和方式，但在职场中，这种个性和原则有时候需要有所隐藏和内敛。特别是作为一个优秀的中层，不极端和留有余地尤其重要。

不极端，会让你更全面、公正地处理事情，不掺杂太多个人的感情。

留有余地，则不会将自己逼到没有回旋的境地。

（二）像粟裕那样有效影响领导

在与上级沟通的过程中，最难的问题，是当自己的意见与上级的意见不一样甚至相反时，该如何处理。

在这方面，著名军事家、大将粟裕的做法，堪称干部们学习的典范。

在解放战争期间，粟裕收到了来自毛泽东主席发来的作战指令，让他率领部队到长江以南开设一片根据地。

接到指令的粟裕没有立刻执行，而是陷入了思考。因为作为长期处于战场一线的干部，以自己的经验来说，此时到江南开辟根据地的时机显然并不成熟。

但是应该怎样把自己的意见反映给毛主席呢？

粟裕的做法非常智慧。他给毛泽东写了一封信。

在信中他首先充分赞扬了毛泽东的战略意图，说如果能实现，必然会产生很好的效果。

接着，他有理有据，对当时的情况全面分析，且语气谦逊而清晰地说明了为什么现在不能过江，留在江北打几场大战的重要价值和可能性。

尤其重要的是，他在信的最后这样写道：

"这仅仅是我个人的意见，我部仍在紧密地部署，随时准备过江。"

这件事还有一个细节，就是当时粟裕的顶头上司陈毅和他的想法是一致的，但是为了照顾上层领导间的和睦关系，粟裕在这封意见信中并没有提到陈毅，是以个人名义而不是团部领导的身份发的信。

毛泽东待看过粟裕的信之后，认为粟裕说得非常有道理，于是采纳了他的意见。

之后，他就带领部队在江北不断战斗，直到后来演变为淮海战役这场"大戏"。后来，毛泽东夸赞说：

"淮海战役，粟裕立了第一功。"

这个案例，给了我们很大的启发。

第一，高度负责，与上级有不同意见时，不要机械执行，更不要为了迎合上级，而不顾后果。

第二，在提出与上级不同意见之前，先认可上级的战略意图。

很多上级并不怕下级提不同意见，怕的是下级还没有弄清上级的战略意图，就直接否定上级的意见。

粟裕的这种做法，首先就不会与上级在情感上抵触。从人际关系学的角度讲，就是"否定之前要先肯定"的智慧。

第三，以摆事实、讲道理的方式，客观冷静地提出不同意见。

这样不仅上级并不容易产生抵触，而且为自己的决策提供了更全面、更客观的参考。为上级起到"手"和"眼"的作用，其实也是下级该尽的本分。

第四，以"建议者"的身份提意见。以"执行者"的态度向上级表达决心。

这点至关重要。有的干部往往在这方面出大的问题，他们往往自己眼界和经验有限，却要对全局下绝对的判断，甚至与上级有不同意见时，一定要根据自己的意见来处理。

这样的做法，其实是角色上的越位，是最容易引起不满和反对的。

有时即使他意见正确，往往也会被否定。

而粟裕，在这方面是清醒的，也是智慧的。

上级远处后方，对一线状况的了解总会有些出入，但上级很可能是站在全局的角度来做部署，而这些可能是自己了解不到的地方。所以，作为下级，自己只能以建议者的方式提出意见。

最了不起的一点是，他在信中最后写的这句话：

"我部仍在紧密地部署，随时准备过江。"

别小看这短短的一句话，它所传达的信息和意义却非同寻常：尽管粟裕提出了自己的看法，但同时也旗帜鲜明地表示，只要上级已经决定，那么自己就会坚决执行——这正是一个优秀的执行者的态度。

这种既能站在上级的高度理解上级，又能智慧地从一个下级的角度出发解决问题的中层，无疑是领导最欣赏的。尽管他提出与上级不同的意见，也是容易被上级接受的。

（三）卓有成效的"唐骏式"沟通方法

在对这个问题进行分析之前，我们先来看一个小故事。

在经济大萧条时期，马克一家6口就靠着父亲微薄的薪水艰难度日。

尽管如此，每月父亲发薪的日子，都是家里的节日，充满着欢乐和期待的气氛。

薄薄的一沓钞票，在被分为购买食品、日用品以及交学费等几份之后，就所剩无几了。

但父亲还是会问几个孩子，他们有什么愿望?

孩子们叽叽喳喳地提出自己想要买的东西，但结果可想而知，愿望是不可能得到满足的。

又一个发薪日到了。父亲分配完钞票之后，照例只剩下薄薄的几张。

父亲照例问孩子们有什么愿望。

姐姐想要一条花裙子，哥哥想要一把玩具枪，马克想要一架挂在园子里的秋千。

爸爸问刚学会走路的妹妹想要什么。妹妹说她要一粒棒棒糖。

结果，妹妹得到了她想要的：一枚硬币，恰好可以买一粒棒棒糖。

最后，只有她的愿望实现了。

这看似只是小孩子的故事，但却与我们主题密切相关。很多中层管理者在提意见时，就如同故事中的那些孩子，只顾自己的想法，而不看实际情况如何。而小妹妹的愿望之所以实现了，就在于她提出的愿望切实可行，爸爸可以做到。

在一些组织和机构中很多中层管理者亦是如此，他们在向上级提意见的时候，总是喜欢从自己的角度出发，认为是好的意见，就马上提出，从不考虑现实的条件，从不考虑上级是否能做到。因此很难被上级采纳。

不仅如此，很多中层还容易把提意见变成抱怨，常常向上级大倒苦水，却没有可行性建议，而任何一个上级都不会喜欢只会抱怨的员工。

我们且看唐骏在微软工作时，是如何从倒数一名到中国区总裁的。

唐骏到美国后，自己开过公司和律师事务所，效益都很不错。但是他为了更大的发展，毅然关掉自己的公司和事务所，进入了举世闻名的微软公司。

进入微软时，他只是一个写源代码编软件的普通工程师。那里的员工都是世界上最优秀的员工。他只能认为自己在公司排名倒数第一。

一个倒数第一的员工如何脱颖而出？他除了更加勤奋之外，还以更积极的思维方式去解决问题。

他经过仔细研究,发现了微软研究开发的一个大问题:

微软的主打产品是 Windows,为了进行全球推广,必须进行多语言开发模式。但是传统的开发模式,效率太低,不仅耗人耗钱太多,而且往往跟不上英文版发布的步伐。

于是,他紧紧盯着这一点做文章。为了让自己取得彻底的胜利,他分析:与微软的其他员工相比,自己在技术方面是最差的。因此,若在技术上与他们竞争,过许多年自己也不过是个普普通通的员工,顶多当上高级工程师。因此,他必须找到自己的核心竞争力所在,并把它发挥到极致,才有可能从上万人中脱颖而出。

那么,他的思维又是怎样的呢?

在总结自己的成功经验时,他做了这样一个精彩的分析:

他首先向主管上级提出了问题。

"我做过公司老板,知道当老板的管只会提建议的人叫挑刺的人,这类人往往会让老板讨厌;老板对既能提出问题又能提出解决方案的人会有好感,但一般不会重用;而老板最信任的则是,除了做到前面两点,还能论证出方案可行性的人。这些亲身体会和总结,成为我在微软职场上的生存法宝。"

于是,他就充分利用晚上和周末的时间将自己的开发模式进行实验论证,并得到了完全可行的结果,然后写了一份书面报告,不仅提出问题也解决了问题,将自己编的程序都放在报告中。

他的报告交上去后,立即引起了高度重视。几天后,主管技术部门的高级副总裁把 Windows NT 开发部门的几位经理召集在一起,让他去作一个现场解说。这是唐骏第一次向如此多的微软高层"推销"自己的方案。他的演示得到大家一致的认可。

很快，微软就调派了资金和人手，由唐骏领头，组建了一个约20人的团队，让这20个人去培训总部 Windows 开发部门的 3 000 多名软件工程师，让他们学会新的程序开发模式。

唐骏就从一个名不见经传的普通工程师，一跃成为微软总部 Windows NT 开发部门的高级经理。在评价他如何成功时，他的直接上司这样评价他：

"你不是第一个提出这个问题的人，也不是第一个带来解决方案的人，但你是唯一一个对解决方案找到论证办法的人。"

从唐骏的故事中，我们可以看到向上级提意见的三种层次：

最低的层次，只知道提问题；

稍高的层次，既提问题，也提解决方案；

最高的层次，不仅提解决方案，还进行可行性论证。

六、有效修复与上级关系的裂痕

中层在与上级工作的过程中，可能会因为这样那样的原因，导致互相之间产生矛盾，让上级对你有了不该有的看法，甚至还有偏见与成见。

这不仅不利于中层自己的发展，对单位的工作也会有不好的影响。

这时候，就应该主动去修复关系的"裂痕"。其做法，除了主动接近领导，检讨自己的有关缺点以及上述有关沟通的技巧外，还可在下面两点上做好"功课"。

（一）理解万岁？先理解别人的不理解

我们常常说"理解万岁"。

在工作中，我们渴望被上级理解，希望他们能了解自己的难处。但往往事与愿违，越想得到上级的理解，越不被理解。

碰到这样的事情当然让人觉得有些沮丧，甚至有些尴尬，但一个好的中层，会换一个角度积极地想问题：

他不理解我，是不是有他的道理和原因？

所以，如果你想得到上级的理解，就要先和你的上级来个换位思考：先理解上级为什么不理解你。

我有一位很有才华的朋友，有一段时间，他和自己的顶头上司关系弄得很僵。

他是一家传媒公司的广告部经理，顶头上司和他是大学同学，两人从美国读完书回来后，在同一家公司任职。因为是同学，两人关系很好，而且接受的是西方的教育，两人做事的方式都很直接，平时都是有什么就说什么。

一天，他突然到了我的办公室，一脸怒气，然后开始向我倒苦水：

"我再也受不了那个老巫婆了，就是我的顶头上司。"

我问他：

"你们的关系不是一直很好吗？"

"那是以前，最近两个月她变得越来越让人无法忍受，不论我提什么想法，都会被她立即否定。"

"总有个原因吧？"

"我想了很久，但实在想不出自己有什么做得不对的地方。"

"是不是沟通上出问题了？"

"不可能，我们一直交流得很顺畅，平时也不拘泥于小节，都是直呼其名，如果有什么意见，都会直接指出来，不会拐弯抹角。"

"或许问题就出在这里，你再好好想想，有没有做得不得体的地方？"

他突然想起在一次业务会上，上司主动提出了一个方案，当时他觉得方案不专业，于是像平时一样毫不客气地指了出来，并且批评方案太"弱智"。

当时上司的脸色很不好看，但因为平时他们经常这么互相指出缺点，所以他也没将这件事放在心上。

"那次的会议有什么特殊的人参加吗？"我问。

"有一个我们公司的律师，他是上司正在追求的对象。"

"这就是问题的症结所在。不拘小节固然没什么错，但应该注意场合。她本想在男朋友面前好好表现一下，没想到却被你弄得下不了台，你想她能对你没想法吗？"

于是我建议他做点"曲线公关"，请那位律师吃饭，并且从公司发展的角度，好好夸赞上司一番。他照做了。

第二天他给我打电话说：

"你的方法真的很管用，今天她一进公司，就冲我打招呼微笑，要知道，她都快三个月没对我笑了。"

很快，他和上司的关系又恢复到以往的和睦。

作为中层应该明白，上级也是人，不是神。上级有他偏好的思维、工作方式，不管这种方式是否完全正确，同时上级也有人性的弱点，有自己的爱憎喜好，甚至偶尔也会将情绪带到工作中去。

理解了这一点，就能够比较宽容地对待上级，不会对他期望过高，要求他做的每一件事都百分之百完美和理性。

很多中层都有过这样的经历：开始时很有想法，经常提一些自己认为不错的建议，但总是不被采纳，慢慢地，工作热情开始消退，觉得自己不被理解，甚至对自己今后的发展产生了动摇和怀疑。

但最好的中层不会这么想，当自己的想法不被理解和接纳时，他首先会问自己：这个想法和企业的整体发展方向是否完全相符？尽管这个想法很好，但现在提出来是不是最佳的时机？会不会太早或者太迟？

弄清了这些问题，或许就找到了上级不理解自己、否定自己的答案，并且能够及时进行调整，当你的想法和上级的想法最接近的时候，也是你找到工作最大助力的时候。

（二）用"业绩、坚韧"改变成见

业绩胜于雄辩，1 000个解释，也抵不上一个业绩所拥有的说服力。

坚韧则可以使你永不言弃，始终充满了蓬勃的活力和坚不可摧的斗志。

在这方面，世界著名企业GE动力系统公司负责工程的副总裁马克·利特尔堪称典范。

马克·利特尔为人十分平和、自信，很受公司器重。他刚接手公司的工作时，就遇到了前所未有的挑战：

公司产品出现了严重的质量问题，突然之间，世界各地由他们生产的涡轮机的叶片纷纷爆裂，情况糟得一塌糊涂。

马克·利特尔拼命工作，试图让业务重新回到轨道上来。尽管他十分努力，情况也有所好转，但并没有得到上司的肯定。

在鲍勃·纳德利负责掌管动力系统公司之后，他这样评价马克·利特尔：

既没有危机感，也缺乏必要的工作经验。

鲍勃·纳德利对公司进行了调整，将业务分成了很多块，只让马克·利特尔负责规模较小也不太重要的蒸汽涡轮机的工程业务。这样马克·利特尔手下的人一下子减掉了三分之二，他所负责的产品也被归于古老、呆板、增长缓慢的类型。

当时马克·利特尔简直气得快要发疯了，感觉世界末日将要来临了一般，他认为自己已经尽了最大的努力，来消除低质量产品带来的负面影响，然而结局竟然是这样，他觉得太不公平了。

尽管他受到了很大的伤害，但他并没有将这当成是自己在GE职业生涯的终点，他没有选择放弃，而是在短暂的愤怒和颓丧后，很快调整了自己的情绪和心态，以一如既往的热情重新开始了工作。

对此，他的想法是：

"我只是觉得，我应该向大家证明，他们的处理是错误的。我希望向世界证明，我们能做出什么样的成绩。"

此后几年，马克·利特尔带领自己的团队重振蒸汽涡轮机生产线。他引进了新技术，建立了流程规范，把成本压缩到新的水平。

"我下定决心，不要让别人以为我被打倒了，这样我会发疯。我将照常上班，为我自己、为周围的人们、为GE做最应该做的事情，那就是重振我们的业务。"他信心十足又斗志昂扬地说。

马克·利特尔的努力很快得到了回报，不到两年，他已经交出了骄人的成绩，自信心也完全恢复，鲍勃·纳德利也开始对他刮目相看。

当公司负责全部涡轮机生产业务的高层职位出现空缺的时候，马克·利特尔主动找到鲍勃·纳德利，要求担当大任，鲍勃·纳德利毫不犹豫地答应了他的要求。

后来，马克·利特尔不但是负责整个涡轮机生产业务的经理，而且还掌管了GE的水力和风力能源业务，那可是一个销售额高达140亿美元的大生产线。

总结这段经历时，马克·利特尔表示：

"我想说，我获得晋升的主要原因是我用自己的业绩、态度和坚忍打动了每一个人。我从来没有放弃。"

像马克这样的事情，在工作中十分常见。由于种种原因，上级会对我们产生一些成见。每当此时，一般的中层大都会选择据理力争，认为不是自己的错就一定要解释清楚。

可这样做的结果却往往不尽如人意，不是当场和上级吵翻，就是一怒之下离开。

而马克却没有如此，他选择了以业绩和坚韧来说话，最终赢得了上级的信赖，得到了重用。一流中层皆当如此。

当成见出现后，不妨试着一方面不轻言放弃，一方面不急于申辩，但在行动上，却能通过实际行动做出业绩，让上级刮目相看。

只要你把握了以上两点，就不难让上级重新发现你，认可你。这才是一种积极向上的沟通方式。

七、重视"暗试比明试更重要"

作为一个领导，在判断一个中层是否合格，是否值得重用的时候，往往会采取"考试"的方法。

而看一个人，不能只看他表面上做了什么事，更要看他在日常生活中的行为，这才是最能透露出他本质的东西。所以作为领导，不仅要会在明面上考察中层，也要在暗地里观察他。

很多"考试"并没有正式场合，也不一定有正襟危坐的"考官"，而是在暗暗进行，但一招一式，无不尽显你的能力和智慧，从而影响着上级对你的评判和你在上级心中的分量和位置。

一个聪明的上级，非常懂得暗试之道，而一个智慧的下级，同样知道应对之策。

曾国藩是一个很了不起的管理者，同时也是一个很懂得应对暗试之道的下级。

曾国藩年纪很轻就显示很有才华。当时朝廷中有一个叫穆彰阿的大臣很欣赏他，将他推荐给了皇上，并着实夸奖了他一番。皇上对曾国藩很感兴趣，决定面试他一下。

于是，皇上约好某一天让曾国藩到大殿面试。到了面试的时间，曾国藩如约前往，但奇怪的是，大殿里竟然空无一人。

曾国藩左等右等，一天过去了，也没见到皇上的影子。最后来了一个太监，告诉曾国藩说皇上有事来不了，让他先回去。

曾国藩有些失落，但聪明过人的他很快意识到，事情可能并不那么简单。他赶紧找到穆彰阿，将当时的情景原原本本告诉了他。

穆彰阿整天生活在皇宫里，不仅对皇宫里的事了如指掌，对皇上的处事态度也很清楚。凭着自己的经验，他意识到这是皇上在暗试曾国藩。

于是穆彰阿当即封了500两银子，送给了管理大殿的太监，让这位太监连夜给曾国藩开小灶，不仅对大殿的所有摆设、布置作了详细的描述，并且对每一件东西的典故、来龙去脉都进行了讲解。

过了几天，皇上召见了曾国藩。几句话之后，皇上就开始问曾国藩大殿里的摆设和布置，以及某幅画的画风、来历，等等。曾国藩自然心中有数，于是不慌不忙，全部对答如流。皇上越听越高兴，当场将曾国藩提拔了。

这次"暗试"的成功对曾国藩后来的仕途生涯无疑是十分重要的,但如果曾国藩没有揣摩透皇上的心思,不懂得暗试之道,可能就会与这样的机会失之交臂。

在现实的职场中,暗试已经被越来越多的上级所运用,因为暗试更能体现"真功夫",甚至是下级能力的"试金石"。

在一次中层培训中,一位姓陈的小姐给我讲述了她的一段职场经历:

陈小姐是一家市场调查公司的部门负责人,尽管她工作非常努力,也有能力,但进入公司几年了,一直都是部门的副主任,尽管主任的位置尽管一直空缺,但老总似乎并没有提拔她的意思。

她一直在想自己为什么得不到进一步发展的机会,但始终没有答案。不久前,一家房地产公司找到她,希望委托她所在的公司在外地做一个3 000人的消费者调查。

尽管平时她也参加一些业务项目的谈判,但最终都由老总定夺,她只是按照老总的意思执行。但偏偏这时老总出国了,要一个月后才回来。

面对这笔送上门来的生意,陈小姐十分犹豫,一方面因为老总不在,很多事无法定夺;另一方面,尽管工作量很大,时间紧,但对方开出的价钱很吸引人,放弃了实在可惜。

于是她通过邮件和老总联系,征求她的意见,老总的回答很简单:一切由你决定,如果你觉得可以承担,就接下来,如果觉得难度太大,就推掉。

犹豫再三,陈小姐还是决定接下这个项目。从签合同、定调研方案到人员组织,方案实施全部由她负责,尽管过程中困难重重,但她还是一一克服了。

为了按时交报告,她甚至带着下属加了三个通宵的班,最终按照对方规定的时间完成了所有的工作。

这个项目完成后一个星期,她就被提升为部门主任。之前,老总跟她谈了一次话:

"在做这个项目之前,我觉得你是一个有能力的人,但这种能力大都体现在执行力上,我交给你的事情,你能够很好地体会,并且很好地完成。但作为一个真正的中层,能力是全面的,不仅要有执行力,还要有开拓、组织和管理能力。

"我当时将这个项目完全交给你去处理,就是想试试你的综合能力,如果你当时不敢接下这个项目,你的发展可能也就到此为止,我不会下决心给你更大的机会。"

面对越来越激烈的市场竞争,企业要想真正做大做强,不仅要有杰出的高层,同时也需要最优秀的中层。因此,企业对中层的要求越来越高是必然的趋势。

一个出色的中层,不仅仅是好的执行者,更是综合能力的全面体现者。这也意味着"考试"无处不在,时时处处都是你展示能力和才华的"竞技场",很多看似不起眼、漫不经心的安排,或许就蕴藏着最大的机会。

第二章　保证完成任务

一、梦想写在沙滩上，目标刻在岩石上
二、有条件要执行，没有条件创造条件执行
三、会布置，更要会落实
四、善于借用多种力量
五．不犯"先穿鞋子后穿袜子"的错误

怎么样才能做一个一流的中层？

有的人回答，作为中层最重要的一个标准就是保证完成任务。其实这只是一个中层最基本的职业素养。

在任何一个组织中，最重要的是执行。美国著名的西点军校，最流行的一句回答是：

"没有任何借口！"

中国军人标志性的一句回答是：

"保证完成任务！"

其实这两句回答包含的都是同一个含义，就是不管摆在我们面前的条件如何，都要不找借口地贯彻执行，无论如何也要完成任务。

保证完成任务，体现的就是执行力。享誉世界的《执行：如何完成任务的学问》一书的作者拉里·博西迪和拉姆·查兰，将"执行"就定义为"如何完成任务的学问"。在任何单位，中层就是执行层。要提高执行力，就要掌握完成任务的能力。

一、梦想写在沙滩上，目标刻在岩石上

作为一个中层，也许你会面对很多任务；也许你曾对老总立下许多军令状，但是，你定下的这些任务是否都一一实现了？

面对这一问题，很多中层都无法肯定地回答。那么，是什么原因导致我们这些中层无法有效地完成任务？

是因为他们没有梦想？不是！有豪情壮志的大有人在。那么为什么他们壮志在胸，却仍然完不成任务呢？

因为他们拥有的只是梦想，而不是目标！

著名的成功学大师拿破仑·希尔曾经说过：

"成功的第一条法则就是把梦想变为目标。"

由此可见，梦想与目标有着十分重要的区别。而我们往往弄不清二者有什么区别。

那么，"梦想"和"目标"到底有什么区别呢？

那就是——梦想写在沙滩上，目标刻在岩石上。

梦想，像写在沙滩上的字，只要被海浪一冲，就变得无影无踪。

而目标，就如同刻在岩石上的字，即便历经风雨，也依然清晰可见。

那我们如何将梦想变为目标呢？有三点要求：

首先，目标需要量化。

如果说"我要成为世界首富"，那这只能说是梦想。但如果换一种说法，"我要拥有 500 万"，这就是目标了。

其次，有时间限制。

如果说前面的"我要拥有 500 万"已经算是量化了，那还不够，我们还需要有时间限制，比如说"在 10 年之内我要拥有 500 万"。

因此，我们要把梦想量化，并确定下来，让它变成目标。

最后，不达目标誓不休。

这是最关键的一点。正因为把目标刻在岩石上，才不会担心被海水冲走。我们也要时刻紧盯目标，直到目标实现。

（一）确定目标，就必须从"想要"到"一定要"

如果你确定了自己非要实现的目标，也就确定了心灵非去不可的方向。这样，不管遇到什么困难和问题，你所有的思维重心，都会往那个方向运动，最终想出解决问题的方法来。

我们要重视行动的果断度，更要重视行动的彻底度。果断度往往是讲开始，而彻底度讲的是结果。准确地讲，就是不干则已，既然开始干了，就要干出理想的结果来。

我们看广东移动通信有限责任公司汕头分公司客服中心客户经理林小林，如何用真诚服务赢得客户的故事。

以前移动的客户都是使用模拟网。后来，国家决定封闭全部模拟网用户，将之转入数字网，并确定了最后的封网时间。为了弥补封网给客户带来的损失，汕头分公司制订了一系列转网优惠条件，并动员广大员工进行转网的宣传工作。

离封网的日子越来越近了，可还有少数模拟网客户没有转网。为此，公司专门成立了劝说小组，组织客户服务人员一对一地进行劝说。

在林小林负责联系的客户中，有一位陈先生。林小林多次与陈先生用电话联系，但每次陈先生都说："我什么优惠都不要，只要求你们不要停我的模拟机，若是真的停了，我一定会通过法律手段来保障我的权利。"后来，陈先生一看是林小林打的电话，就干脆挂机。

出现这种情况，一般人就会这么想，反正这位客户不来转网，吃亏也是他自己。干脆把这个客户放弃算了。但是林小林却决心去找到陈先生本人，把劝说工作进行到底。

有道是"不打无准备之仗"。在拜访陈先生之前，林小林认真研究了那部模拟手机的租用特点，她发现这部手机每月都按时交租金，却已经连续9年没有过话费记录。那么，陈先生执意要保存这部手机，一定有什么自己没有弄清楚的原因吧？

于是，她通过身份证登记查到了陈先生的住址和相关的联系电话，并去陈先生的办公室拜访，却两次都吃了"闭门羹"。但这没有动摇她的信心，反倒激起了她攻下这个"堡垒户"的决心。

第二章 保证完成任务

离封网最后期限只有三天了,林小林采取有效的手段,与陈先生约好见一次面,之后就满怀信心地踏进了陈先生的办公室。但是,她等了好久,也不见陈先生的影子。

林小林一方面耐心地等,一方面研究陈先生的办公室。这时候,一个细节引起了她的注意。她觉得这间办公室和普通的办公室并没有太大的区别,但总给人一种怪怪的感觉,到底怪在哪里呢?经过仔细观察,普通的办公室总是挂着画或者工艺品。而这间办公室却与众不同,挂着一张制作精致的女人照片。

林小林站到照片前仔细地打量着——这是一个很漂亮的年轻女子,但黑白照片有一点泛黄,深色相框已失去了光泽,那么,这到底是陈先生的什么人呢?

就在这时,陈先生出现了。林小林边说边递上名片。对方却冷冷地问一句:"找我有什么事?"

林小林一时慌了神,把事先想好的方案都忘了,只好语无伦次地说:"是这样的,年终我们中国移动汕头公司有一些小礼品送给您,感谢您多年来对我们的大力支持,另外也顺便来了解一下模拟网转网的事情……"她还没来得及讲有关模拟网封网的政策和转网的优惠条件,陈先生就打断了她的话,说:"你送来的礼品我收下,也感谢你们的诚意。但是,关于转网的事情我早说过了——免谈!"

看来她只好无功而返了。但是她立即转换一种方式,很客气地说:"既然陈先生这么说,我也就不勉强了。但是我想知道陈先生拒绝转网的原因,如果方便的话可否告诉我……"

看见她这样诚恳和热情,陈先生叹了一口气,托着腮沉思了很久,之后指了指墙上的那张照片说:"那张照片你看过了吧?她是我太太。这部手机是我送给太太的生日礼物,也是她最心爱的东西,但是在她生日后不久，我们一起外出时出了车祸，当时我已经昏迷了，我太太就是用这部手机报的警，后来我活下来了，而我太太却去世了……我想保留这部手机不为别的，只为了纪念我太太，另外这个手机号码的最后六位数字正好是我太太的出生年月日，这部手机对我来说意义太大了，不管怎么说我都会尽力保住它！哪怕是打一场官司。"陈先生越说越激动。

知道这一原因后，林小林就知道如何"对症下药"了，她一方面对陈先生深表同情和敬佩，一方面告知模拟网退网是国家政策，即使打官司陈先生也打不赢。最后她提出一个建设性方案：

自己会把他的情况向公司反映，尽最大努力给他调整一个最后六位数字与原先手机一样的号码！"这样您不但支持了我们的工作，还可以永久保留这个有纪念意义的号码，您看是不是更好呢？"

得到陈先生的同意后，在封网的最后一天，林小林为陈先生办完了转网的所有手续。从此，陈先生不仅成了汕头分公司忠实客户，还让自己的公司也成了中国移动汕头分公司的大客户。

对陈先生转网这件事，林小林深有感触地说："做客户服务工作，不少人常常埋怨客户对公司不理解，甚至把个别客户列为'钉子户''刁钻户'，其实这是工作没有做到家，假如你能将工作做到家，许多难办的事情也就变得好办了。"

通过这件事，我们可以得到这样一些启示：

第一，目标不是可有可无的，而是必须达到的。

关于目标管理，现代管理学之父彼得·德鲁克有这样一句名言：

"并不是有了工作才有目标，而是相反，有了目标才能确定每个人的工作。"

彼得·德鲁克在《管理：使命、责任、实务》中写道：

"目标并不是命运的主宰，而是方向的指标；不是命令，而是承诺。"

这说明：一流的管理者，不仅要重视目标的重要，而且要把目标内化为前进的动力。不是因为有命令而被动接受，而是作为一种对自己、对组织、对团队的承诺，必须实现。

有着这样的要求，目标的严肃性就体现出来了。要实现的可能性也就大多了。

第二，越要飞得高，越得沉下去。

在工作中，有一种十分普遍的状况：一件本来可以做好的事情，却没有做好。原因不是你没有去做，而是因为你功夫没有做到家，只是浮在表面，浅尝辄止。

只有真正深入下去，才能找到问题的症结，找到解决问题的方法。

第三，越能帮助别人解决问题，就越能化阻力为助力。

如这位陈先生，开始时抵触心很强。但当林小林真正为他着想并为他解决问题后，他不仅仍是忠实客户，还让自己的公司也成了中国移动的客户。

（二）只改善手段，不改变目标

目标定下来，就一定要实现。出现问题，不是调低目标，而是尽量找到问题症结，找到解决问题的方法。通过手段的调整，来确保目标实现。

海尔集团电子事业部的物料配送，曾存在不少问题，最大的问题，就是效率低。

为了解决这一问题，海尔集团物流推进本部负责人霍胜军在现场一盯就是 6 周，目标是让 6 个人干 21 人的活。

这不是"绝对不可能"的目标吗？本来21个人做还出现问题，现在只让6个人干，这怎么能做到？

但霍胜军还是让6位发料经理各就各位，其余的15人进入"休息室"。

果然，一开始就出现了问题，"缺料！""少料！""错料！"报警单刷刷地从生产线发过来，6位发料经理忙得脚后跟打后脑勺，可是连"救火"都来不及。

莫非真是人手不够？

但霍胜军经过考察后认为，人手是够用的，但是流程不对。

他带上配送中心、信息中心的经理，兵分两路改流程。很快，物料周转库装上了扫描系统，出入库物料信息能够及时得到反馈。他还要求发料经理做到人、订单、收入挂钩，以便"投入产出"真正能够一致。

有一次，发料经理的投入产出不一致，到晚上9点多盘点时，被事业部警告了11次，索赔11元。这位自尊心很强的老员工第一次被"索赔"，竟哭出了声：

"这几周你们怎么说我怎么改，早出晚归，我儿子已经近一个月没看见我了。这么卖力，凭什么罚我？"

对于这件事情，霍胜军心里也十分难受，但为了提高员工做事的能力，他还是毫不心软，该罚的坚决罚。

之后，他开始分析整合资源，对货架进行"信息化"改装，发明了"智能货架"，生产线上只要缺哪种料，货架上这种料的上方红灯就会亮。

6周之后，6个人终于干好了21个人的活。而且发料经理送料的错误率降为零，那位曾被索赔的经理一周内还发现了事业部材料单的6次错误，得到了相应的"增值"报酬。

事实证明：假如充分发挥积极能动性，不断去寻找问题的症结，改善有关的手段，难以实现的目标，很多时候就是可以实现的！

二、有条件要执行，没有条件创造条件执行

在执行领导交给的任务时，你是否埋怨过条件不具备呢？

在很苛刻的条件下执行任务时，你是否想过放弃呢？

当你没有成功完成任务时，你是否找过借口宽慰自己呢？

这三种做法的结果，只会削弱一个中层管理者的办事能力，甚至让领导对自己失去信任。

或许有些中层会问，条件差、不具备是客观现实，这并非借口。没错，困难肯定有，但我们是否想过可以自己创造条件执行呢？

（一）把事做成才是硬道理

有一句很有意思的话，相信我们都听说过：

"不管黑猫白猫，能抓住老鼠的就是好猫。"

这是中国改革开放总设计师邓小平最爱说的一句话，还曾被登在美国《时代》周刊上。但你也许不知道，这句话其实是邓小平的好朋友刘伯承在行军打仗时最爱说的一句话。

刘伯承意在说，打仗的时候，不应该拘泥于教条，而是要灵活地安排战略战术，以取得胜利为最终的目标，其他的条件都可以视情况而定。

这句话恰恰说明了结果的重要性，在战争中，用什么样的战略、

战术并不重要，重要的是取得胜利。

同样的道理，作为中层，我们承担了多少任务并不重要，重要的是我们到底完成了多少任务。

一流的中层永远都要牢记：把事做成才是硬道理！

有一天傍晚，大雨滂沱。时任海尔集团洗衣机售后服务昆明站副站长的秦冠胜，突然接到云南昭通市洗衣机用户刘先生打来的电话，说有一台洗衣机出了毛病，需要上门服务。

客户的要求就是命令，接到任务的秦冠胜毫不犹豫地在恶劣的天气中出门了。

可就在秦冠胜乘车赶往客户家的时候，意外发生了。由于雨势太大，造成山体滑坡，泥石流从山上滑下，挡住了此地唯一的一条通往昭通市的路。

秦冠胜从想原路返回的司机口中得知：到昭通市还有27千米。司机劝秦冠胜不要下车，这条路很容易发生险情，再急的事也不如等到明天再办。

可是，秦冠胜却已经拿定了主意：客户的要求就是命令，既然接受了任务，就要保证完成！

秦冠胜艰难地在黑夜中前行。狂风在耳边怒吼，雨还在不停地下着，他用了近5个小时艰难地到达昭通市时，已是第二天凌晨4点。因此时不便上门，秦冠胜在旅馆的传达室内休息到天亮。

八点刚过，浑身泥水的秦冠胜敲开用户的门。

客户惊呆了，因他已从广播中得知昭昆线上发生山体滑坡。当他了解到秦冠胜是历尽艰辛才到达他家后，他抱住秦冠胜流下了眼泪……

海尔人坚信，服务的好处不仅仅在于眼前的收益，而在于赢得用户长期的信任感。而要赢得长期的信任感，就必须做到有诺必兑现。

如果当时秦冠胜没有按时到达客户的家中，那么不管有什么原因，都是没有兑现诺言，没有把事做成，没有完成任务。

一流的中层，都必须要完成从"做事"到"做成事"的转换。

因此，每一个中层都应牢记：把事做成才是硬道理！

（二）改变发问方式，就会柳暗花明

不同的发问方式，往往决定了执行的不同结果。

在执行中，许多人总是这样发问——

"怎么可能？！"

一个问号之后就是一个惊叹号，其实质就是将执行就此打住。

而优秀的执行者则问："怎么才能？"

接连的问题到问出最理想的结果为止。

仅仅换一种方式，问自己"怎么才能"，结果就会大不一样。

一句"怎么才能？"打的同样是问号，但是这样一来，就意味着永不放弃，往往"逼"得自己不得不苦苦思索，直到出现"柳暗花明又一村"的感觉。

在这一点上，我一位朋友的做法可能会对大家有所启示。

这位朋友在一家著名的报社任副主任，有一次，上级交给他一个任务，让他去采访一位非常有名的司令，而且一定要拿到独家新闻。

他得知这位司令将参加一个新闻发布会，于是就给相关人员打电话，希望给自己安排一下独家访问的时间。

可是他辗转问了一大圈，谁也不给他安排。没办法，他只能先去发布会现场，想见机行事。

新闻发布会开始以后，他就一直注意观察，希望可以想出什么办法争取到单独采访的机会，哪怕只有几分钟也好。

可是看了半天，没有什么人可以帮得上忙。正在他着急的时候，突然注意到一个小细节。他发现，坐在台上的司令，不停地在喝水，每过一会儿就会端起杯子喝上几口。

于是他马上想，司令这么频繁地喝水，总会有想上厕所的时候吧？于是他就起身来到厕所，准备"守株待兔"。

果然，不出他所料，过了没多久，就见司令进了厕所。他按捺不住心中的兴奋，赶紧抢上前去，就利用在厕所的这短短几分钟时间，把事先准备好的问题一一向司令提出。

回到报社后，他马上写出新闻稿，发在了报纸的头版，圆满地完成了这次独家专访任务。

很多时候，摆在我们面前的，都不会是很容易完成的任务，但并不意味着我们就有借口不去完成，或打了折扣地完成。相反，一流的中层，只要接到任务，永远都是有条件要执行，没有条件创造条件也要执行！

三、会布置，更要会落实

在进行有关中层管理培训或执行力专项培训时，我总讲述应该在4方面进行努力，走出中国管理界容易出现的误区：

热情不等于业绩，

口号不等于成效，

布置不等于完成，

做了不等于做好。

这里值得格外重视的是"布置不等于完成"。也就是说，固然要重视布置，更要重视落实。

（一）不要走过场，也要警惕下级"走过场"

让我们先来看一个小故事。

美籍华人作家刘墉，是个做事很细很认真的人，一次他通过教女儿浇花，让女儿明白了一个简单而深刻的道理。

一天，他让女儿浇花。女儿浇完了，他走近一看说：

"你不会浇花。"

"我怎么不会浇花？"女儿很疑惑。

"你看我浇的，与你浇的有什么不同。"

女儿看了很久，也没看出来，刘墉就说：

"好，你把花拔出来看一下。"

女儿拔出来一看，才发现自己浇的，根上是干的，而爸爸浇的，根上是湿的。

女儿终于明白了，自己只是走了一个过场。花不能只在上面滋润，关键是根上要有水。而爸爸不是走过场，是要结果的。她想到了做事情的关键是不能走过场。

这虽然只是一个小故事，但却很有借鉴意义。

做中层就像浇花一样，做事走过场，只讲过程，不讲质量是不可能有大发展的。一个优秀的中层，必然是重视结果的管理者。在他们眼中，工作的质量、效率及结果才是最为重要的。

他们自己必须把工作抓实。同时，在带团队的时候，也要紧抓落实。警惕下级"走过场"。

127

（二）布置不等于完成，要"一抓到底"

直接把任务简单抛给自己的下属，很显然，不会得到高效的执行。一流的中层管理者不仅要告诉员工完成某项任务的标准和时间，还要在执行过程中进行检查和协助，才能高质量地完成任务。

我们以发生在浙江一家著名企业集团的一件事，来举例分析：

周总监是该集团行政管理中心的负责人。该集团参加了在上海举办的一个国际产品展。集团领导决定在此期间召开一个高层媒体见面会，共邀请了48家媒体，这项任务，具体由周总监带领自己下属的宣传部执行。

要做好一个会议其实很不容易，必须考虑到每一个细节，哪一个环节都不能出问题。

于是周总监派了一名刚到宣传部不久的职员提前到上海做相关准备工作。

在会议召开的前一天，周总监也到了上海。他让下属带着自己先去看会场，结果下属带着他走了一大圈，居然不记得会场在哪里了。

周总监就说：

"你自己都不知道会场在哪儿，又怎么带记者入场呢？"

等他们找到会场以后，周总监逐一检查了音响等设备，又看了看会场的布置，然后就让下属带他到进行晚宴的地方。

晚宴厅很高级，布置得也非常漂亮，周总监对这一点给予了肯定。可他一看，又发现了问题，宴会厅里一共只摆了3桌，每桌能坐12个人，这显然不够。

于是他问下属：

"明天会来多少记者？36个座位够吗？"

下属想了想说：

"大概会来40多个记者吧。"

周总监说：

"我不需要'大概'，我要准确的数字。"

下属赶紧去查名单，结果发现总共是56人。这下下属傻了，显然自己订的席位不够用，他急得汗都流下来了。

周总监看到下属狼狈的样子，又好气又好笑，于是带着他找到了餐厅经理，经过协商，又加了两桌，将问题解决了。

周总监生怕还有什么纰漏，又问下属：

"今天一共到了多少记者？明天还会来多少？记者们晚上要住的房间你订了多少间呢？"

这一问，下属又傻眼了，他解释说：

"我一整天都在楼下忙着接待记者，没顾得上统计到底来了多少。"

周总监说：

"接待、签到这种小事，你找个服务员盯着不就行了吗？"

接着，周总监又问：

"明天的记者你安排了多少专访？"

下属回答说安排了20多家。周总监不放心，又问：

"你是怎么跟他们沟通的？"

下属说：

"我问他们'你能不能安排专访'，他们说'到时候再看'。"

周总监听了说：

"'到时候再看'是什么意思？到底确不确定？这种沟通根本就没有到位，属于无效沟通。你到底和多少家记者沟通了，你去查查名单，告诉我一个准确的数字。"

下属赶紧拿来名单，一看，只沟通了十多家。周总监又问：

"他们都专访些什么内容呢？"

下属嗫嚅着说：

"我没问。"

周总监说：

"你连主题都不确定，怎么让人家专访呢？"

接着，他又说：

"这样吧，你跟着我一起，重新去和记者沟通，你看着我是怎么做的。"

于是周总监带着下属，敲开了一位位记者的门。

首先，周总监将第二天活动的规模、内容和目的向对方简单做了个介绍。

接着，周总监又问记者有没有确定专访的主题，如果没有，就和他们一起讨论，并且根据不同媒体的风格，提出了不同的建议。

这样一来，既符合不同媒体的需求，又避免了重复的专访。

带着下属和几位记者进行沟通后，周总监说：

"现在你知道应该怎么沟通了吧？剩下的几家，就由你自己去沟通吧。"

接下来，下属现学现用，和剩下的几位记者沟通得非常好。

第二天的会议上，有一个记者提问的环节，按照周总监以往的经验，知道刚开始提问时，很容易出现冷场。

这本来也很正常，但周总监认为这样的细节也不能忽视，于是让那位下属提前和三家平时比较熟悉的媒体记者进行沟通，将前三个提问的记者确定下来，谁第一个提问，谁第二个提问都落实到具体的人。

这样一来，只要台上邀请提问的话音一落，马上就会有记者站起来。

就这样，由于每一个细节都想得非常周到，会议圆满成功。

而这次收获最大的，恐怕就是周总监的那位下属了。他跟着自己的领导，学到了可贵的经验，提升了自己的能力。

从上述这个案例中，我们可以看出一个一流中层行事的风范。

第一，在布置任务后，他没有当"甩手掌柜"，而是去检查、督促，一抓到底。这样，出现了问题，他就能及时发现并纠偏。

第二，发现了下属在工作中的问题，他没有像某些中层那样满足于把下级责骂一通，而是指导下级抓好每一个环节。这就是"指责不如指导"，起到了培养团队成员成长的作用。

第三，为什么他能够圆满地完成领导交给的任务呢？还在于他抓住了任务中的4个关键点：计划、实施、检查和调整。

这四大要点，可以说是完成任务的关键点。只要我们把握住这些关键点，就能够顺利地完成任务。

（1）行事前有详细的计划安排。

（2）快速有效地实施计划，有条不紊地分派任务。

（3）在整个计划的实施中，亲自监督、检查，以避免下属执行不到位的情况发生。

（4）在检查的过程中，发现问题及时解决，出现意外情况及时调整工作方案，以确保万无一失。

这4个关键点，是整个任务的中心环节，也是保证完成任务的重要因素。

四、善于借用多种力量

孔子的学生子贱有一次奉命担任某地方的官吏。这个地方的前一任官吏是一个很勤勉的人,每天起早摸黑,忙碌不堪,可是却没有把这个地方治理好。

当子贱来接替这个官吏的时候,这个官吏好心地提醒他,这个地方很难治理。

可是子贱却似乎没有听进去,上任以后,经常弹琴自娱,不管政事。可是出乎人们意料,他将此地治理得井井有条,民兴业旺。

这让那位卸任的官吏百思不得其解,于是他请教子贱:

"为什么你能治理得这么好?"

子贱回答说:

"你只靠自己的力量去进行,所以十分辛苦;而我却是借助别人的力量来完成任务。"

上述故事很耐人寻味:没有一个人能不依靠他人独自生存。在工作中,更是如此。作为一个中层,要高效地完成任务,光凭自己的力量是远远不够的,一定要善于借用多种力量,才能达到最好的结果。

那么,我们可以怎样去"借"呢?下面分享两点。

(一)重视"一个好汉三个帮"

在我的《方法总比问题多》一书中,讲过这样一个故事:

一个公司要招聘一个营销总监,经过层层筛选,最后只剩下三个竞争者。

在最后一次决定性的面试会中,公司给三个人出了一道很奇怪的题：请三个竞争者到果园里摘水果。

三个竞争者，一个身手敏捷，一个身材高大，还有一个个子很矮。按常理来说，前两个竞争者最有可能成功。可事实正好相反，最后获胜的，竟然是最矮的那个人。

这到底是为什么呢？

原来，水果都在树梢的位置，非常高。身材高大的人尽管一伸手就能摘到一些水果，可是毕竟数量有限，再高一些的，就够不到了。身手敏捷的人爬到树上去摘，可是树梢最高的部分，也上不去。

而个子最矮的那个人，一看到这种情况，二话不说，就往门口跑去。他找到门口的守门人，向他请教，平时都是怎么摘水果的？守门人告诉他是用梯子爬上去摘的。

于是矮个子的人就向守门人借来了梯子，爬到树上，轻松摘下了大量水果，赢得了最后的胜利，获得了总监的职位。

从这个应聘测验中，你得到了什么启示？这并非是主考官故意刁难求职者，而是要看看他们，谁最有协作精神，谁最善于借助各种力量，来帮助自己完成任务。

俗话说："一个好汉三个帮。"

一个聪明的中层管理者，应该正确地利用各种力量，不管是团队内部的，还是外部的。当充分利用了各种资源，充分借助了各种力量时，不但减轻了自己的负担，也提高了团队的协作精神，从而使整个团队很快成熟起来。

一个一流的中层管理者，不一定是团队中最专长于该项工作的人，但能运用其管理能力充分发挥团队的力量，以最高效率完成工作。

（二）当自己直接出面效果不好，不妨借用他人的影响力

哈佛商学院的教授小约瑟夫·L.巴达拉克，在所写的《沉静领导》一书中，描述了一位叫雪莉·希尔维曼的市政府公共健康官员，她在处理问题的时候，有一个"善借"的做法：

佛罗里达州某市的一家医院里诞生了一名女婴，她的母亲是一个吸毒者，因此这个女婴的身体非常不好，还遗传了母亲的毒瘾。

媒体对此进行了大肆报道，使市长的压力非常大。于是他决定向其他城市那样实行一种高压的强硬政策，称为"铁拳"政策。就是把那些在怀孕期吸毒的妇女都拘捕起来，甚至要立法让检察官起诉这些妇女。

之所以要采取这种方法，也是因为当时正在实行的政策实在形同虚设。市长相信除了采取这个办法以外没有更好的办法。

希尔维曼从心底里不愿意这样处理这个问题，因为作为一名公共健康官员，她很清楚地知道，这样做不仅不会对那些孕妇和婴儿带来什么改变，也许还会变得更糟。

虽然她也很同意市长对当前的政策进行改革的想法，可是这样简单的处理，是希尔维曼无法接受的。

要怎样才能说服市长呢？她可以直接去找市长，说她反对这项"铁拳"政策。那么最后肯定是使自己失去现在的政治资本，马上会有一个同意这项政策的人接替她的位置。

她也可以用辞职来引起各界的注意，从而使市长放弃他的想法，但是以她的经验所知，像这样的事情，仅仅被关注几天就会被媒体和大众遗忘，根本达不到她想要的效果。

还有一种方法，就是以她的所学来影响、说服市长，但市长能否会耐心地听完她的"演讲"呢？最终的结果很可能是她反而被市长的"演

说"轰出办公室。

这些都不是最好的办法；但她也不想袖手旁观。

最后，希尔维曼决定通过另一种方法来解决这个问题。

她约见了市长的两名政治顾问，告诉他们逮捕和拘禁孕妇是玩火的行为。现在所有人都在关注那个女婴，如果这个时候，报纸上刊登了警察把戴着手铐的孕妇押进警局的照片，公众会做出什么反应？

她的话立刻引起了政治顾问的注意。

然后，她又要他们想想被逮捕的会是些什么人？答案是许多黑人妇女和拉美妇女。在这个团体中，市长的支持率是最高的，但如果使他们的领袖人物觉得自己选的市长歧视选民，那么最终的结果会是什么呢？

两天以后，希尔维曼接到了市长打来的电话，说会派给她一个新任务——市长收回了他的"铁拳"政策计划。

希尔维曼成功地阻止了市长的高压政策，她没有提到任何跟公共健康有半点关系的理由，而是从市长最关心的政治角度，打出了"竞选牌"。

并且希尔维曼没有直接跟市长就这个敏感的问题进行交锋，而是通过对市长最有影响力的政治顾问，通过这种"曲线救国"的办法同样达到了自己的目的。

在上面的故事中，这位市政府公共健康官员，给我们提供了一个很好的方法：当自己直接出面效果不好时，不妨借用他人的影响力。让对当事人更有影响力的人出面，这样往往能达到更好的效果。

五、不犯"先穿鞋子后穿袜子"的错误

要完成好任务，或工作有效率，还要掌握科学做事的程序。

很多时候，当我们有了一个想法或建议时，总想一步到位，立刻实现。

但实际上，这样往往容易犯"先穿鞋子后穿袜子"的错误。急于穿上鞋子，却发现袜子还没穿，于是只能脱了鞋子，再重新来过。

这样一来，就走了弯路，大大降低了工作效率。

我在给企业中层做培训时，经常会给学员发一些问卷，目的是了解他们的困惑和需要，以便对症下药。

很多学员都说出了一个共同的烦恼：

我经常有一些很好的想法和建议，可当向老总提出时，老总却一点都不领情，有时不但全部给否定了，搞不好还会挨骂。

了解到中层的这一苦恼后，没过多久，我在给一个企业家培训班讲课时，发现了一件很有意思的事情。

我给这些企业家也发放了问卷，其中的一个问题是这样的：你在管理团队的时候，最大的烦恼和困惑是什么？

大多数企业家给出了这样的回答：

没有出色的中层干部，因为这些中层干部他们不是提不出建设性的意见，就是提一些特别不现实的意见，根本没有站在我的立场上去考虑。

这样的答案让我马上想起那些中层的烦恼。二者一对比，我发现了一个很耐人寻味的问题：

中层有好建议，企业老总也希望听到好建议，可为什么二者碰撞

第二章 保证完成任务

的时候,产生的不是令人激动的"火花",而是令老总头疼的"火药",这到底是为什么呢?

真的是中层的建议不好吗?还是当老总的太过苛刻?都不是。究其原因,就在于很多中层没有掌握科学做事的程序。

那么什么才是科学做事的程序呢?

让我们先来看一个古代的中层是怎么按照程序来完成任务的。

叔孙通是秦末汉初时期一个非常出色的儒生。刘邦刚刚取得胜利建立汉朝后,叔孙通就前去投奔他,想为汉朝效力。

叔孙通第一次见刘邦时,穿了一身长袍,打扮得风度优雅,想给刘邦一个好印象。

可奇怪的是,刘邦却对叔孙通不理不睬,十分冷淡地把他打发走了。

叔孙通回去后想,自己哪里做得不对,为什么会让刘邦对自己那么反感呢?

后来他才知道,刘邦特别讨厌那些读书人,认为他们只会一些假道学,看到那些文人模样的人就心生反感。

叔孙通得知原因后,于是再次去拜见刘邦。

这一次,叔孙通没有穿文人的装束,而是一身短衣短裤,打扮得像个市井之人,一点文人的架子也没有。刘邦一见,感觉还不错,于是就把叔孙通留下来,让他当了个官。

当时正值用人之际,刘邦就让大臣们给他推荐人才。叔孙通是一介儒生,按理说他推荐的应该都是同行才对。可出人意料的是,他却给刘邦推荐了很多贩夫走卒式的人物。

这引起了一些儒生的不满,都质问叔孙通为什么总推荐那些头脑简单、四肢发达的人,而不推荐自己的同行。

对此,叔孙通回答说,汉朝成立之初,更多的是需要能维护社会安宁的士兵将士，而不是儒生。

由于刘邦特别讨厌繁文缛节，所以一建立汉朝后，就废除了秦朝的很多礼仪制度，加上他身边的大臣都是一些武夫，因此根本谈不上有什么礼数。

有一次，刘邦请群臣吃饭。在吃饭时，由于没有礼制的约束，大家高声谈笑，喝醉了就大呼小叫，胡乱拍桌子。

刘邦见了这样的场面，眉头微微一皱，觉得有些不像样子。后来，这种状况越来越严重，甚至发展到上朝的时候，有些人酒还没醒就来了，在朝堂上大吵大嚷，弄得乌烟瘴气。

刘邦心想，这也太不像话了，照此下去，那还了得？刘邦的忧心，都被叔孙通看在眼里，于是，他借此机会，向刘邦提出，要重建礼制，以礼法来约束群臣的行为。

刘邦本来十分讨厌礼数，可是见到朝堂上下这种乱七八糟的情况，也有点无奈，于是就给了叔孙通几天时间，让他先试试，看看效果再说。

叔孙通得到了刘邦的许可，立刻召集了几个弟子和一些儒生，开始和群臣演练起来，包括哪些等级的臣子应该站在哪里，应该如何行礼等，都一一进行了练习。

几天以后，叔孙通准备向刘邦展示他的工作成果了。按照这几天的演练，文臣武将在朝堂上依次排列，各就各位，庄严肃穆。这时，刘邦由人引导，缓步而出。当群臣看到刘邦出来时，齐齐跪地，山呼万岁。

刘邦一下子就被这样庄严的场面震撼了，觉得特别威风，特别有气势。他想怪不得秦始皇这么重视礼制呢，原来这种感觉这么好啊。那为什么自己不这样呢？

于是刘邦下令，让叔孙通赶快参照古礼与秦礼，制定汉朝的礼仪。

终于得到刘邦首肯的叔孙通，立刻率领下属，结合汉朝的实际情况，制定了合适的朝仪。后来，又进一步制定了宗庙仪法。

叔孙通制礼，帮助刘邦整顿了朝纲，为汉王朝巩固起到了重要作用。

作为中层的叔孙通可谓是非常优秀，他的优秀不仅在于给领导提出了好的建议，更在于他有条不紊地按照程序，将每一件事情都做成了。

叔孙通其实很有理想和抱负，但他不是盲目地往前冲，而是按照程序，一步步实现自己的想法，这种做法值得很多中层借鉴：

（一）敢于放低自己

当叔孙通得知刘邦不喜欢儒生打扮的人后，立即脱去长袍，换上了一身短装打扮。敢于放下自己的架子，这是做成事的第一步。

这一点用在现在的中层身上，就是要先融入企业文化之中。如果一开始就急于彰显自己的个性和才能，而不顾整体的环境和氛围，那么很容易陷入被动和孤立无援的境地，在这种情况下，要实现自己的理想和抱负无疑是障碍重重的。

（二）组织需求永远放在第一位

叔孙通在为刘邦推荐人才时，没有因为自己是文人而推荐文人，而是推荐了一些骁勇善战的武夫，因为他非常清楚地知道，当时汉朝最需要的是能征善战的将士。

能够将个人的利益得失抛在一边，一切从大局出发，叔孙通的这种做法自然能够得到刘邦的欣赏，无形中也就离自己的理想实现更近了一步。

（三）好建议还需要等待好时机

一些中层认为，既然是好的建议，就要马上提出。但事实并非如此，好建议还需要遇到好时机。

一个好的建议提出，也需要审时度势。比如，明明知道领导不喜欢什么，或者从大局来看暂时还没有实行的必要，却偏偏要去提，这样一来，非但建议很难得到采纳，还有可能引起不良反应。

叔孙通就深谙其中的道理，尽管他知道礼制对一个国家的重要性，但他并没有在汉朝初定、需要用大量武士安定天下、在刘邦认为礼制无用的情况下，贸然提出自己的想法，而是看准时机，在刘邦自己深深感到因缺乏礼数带来了种种弊端时，借机进言，这样一来，自然就很容易被刘邦接受。

可以试想一下，如果叔孙通没有做任何前期铺垫工作，一开始就直截了当给刘邦上书进言，说要恢复礼制，非但达不到目的，恐怕早就被拖出去砍了。

最后，顺理成章，水到渠成地完成任务。

在得到刘邦的批准后，叔孙通终于大刀阔斧地进行改革，兴建礼制，达到了自己的目标。这就不过是顺理成章、水到渠成的事了。

以上就是叔孙通做成事必不可少的程序，缺了任何一步都不行。尽管所处的时代不同，但叔孙通的做法，却仍然值得我们借鉴。

只要掌握了科学的做事程序，那么，一步步达成自己的目标，就不是什么难事。

第三章　做解决问题的高手

一、别害怕和躲避问题，问题恰恰是机会

二、"问题只会有一个，方法却有千万条"

三．成功 = 捷径 + 苦干

四、重视"找方法的方法"

五、让"正反合思维"帮你把关

六、解决问题的高效法则：删除、合并、替代中层管理者最重要的能力之一，是解决问题的能力。

对于一个中层来说，成为解决问题的高手，有时比拥有高学历重要得多。

善于解决问题的中层，也必定善于发现问题、分析问题，能指出组织中存在的弊病，从而为组织创造巨大的效益。

因此，无论是出于个人发展需要，还是组织发展需要，都要求中层管理者成为解决问题的高手。

一、别害怕和躲避问题，问题恰恰是机会

在工作中，存在这样一种现象：问题不大的工作，争着去做，因为费力不大，容易出成果。而问题大的工作，有些干部就有畏难情绪，甚至躲避。

不知道这些干部是否想过：解决问题的意识和能力，恰恰是自己能力的体现，是竞争力的重要标志，也是自己必备的能力之一。

2018年冬，网上有一篇文章《不会主动解决问题的员工都是"辣鸡"》很火爆，作者这样写道：

"前几年，我和麦肯锡的一个高管吃饭，我问他：你们麦肯锡这种顶级公司招人，除了名校背景外，最看重员工什么能力？"

"那一定是solve the problem的能力，也就是解决问题的能力，这是麦府招人的一个共识。"

"那些真正优秀的员工，其实骨子里也是创业者的气质，因为他们遇到困难的第一反应，不是绕，不是躲，而是直面困难。一定要啃下这

块硬骨头，解决掉问题。这就是优秀的人和普通的人最本质的差别。"

无独有偶，我曾经在北京住总集团连续做多期培训，许多管理者对如何在单位更好地发展这个话题，纷纷发表意见，其中，北京住总集团房地产公司人力资源总监姜水，也明确指出：

"单位是什么？单位就是不断遇到问题和不断解决问题的地方！"

"你的核心竞争力，就是善于解决问题的能力！"

"所以，永远不要害怕问题。问题是命运送来给你的礼物，你越会解决问题，在单位就越有分量，就越能有最大的发展！"

我认为，她的话，实际上说出了许多领导的共同心声，值得所有想发展的干部与员工重视！

（一）单位的问题，恰恰是你发展的机会

著名职业经理人李开复给大家树立了好榜样。

李开复历任微软副总裁和谷歌中国区总裁等职。但他初入职场时，曾经在苹果公司担任技术工程师。

有一段时间，公司经营状况极为不佳，员工士气也比较低落，如果不立刻找到突破口，问题只会更加严重。

这些问题本应该由市场部来解决，并不在李开复的工作范围之内。

可李开复没有这么想，他认为作为苹果公司的一分子，应该主动帮助单位去解决问题。

他当然有能力解决问题。但是一般人要主动帮助单位解决问题，往往需要单位提供条件。他却不一样，他不计较任何条件，而是时刻琢磨此事。积极地为公司出谋划策，帮助公司渡过难关。

直到有一天，他发现这样一个现象：

苹果公司有许多很好的多媒体技术，可是因为没有用户界面设计

领域的专家介入，这些技术无法形成简便、易用的软件产品。

他兴奋地想：

"这不正是一个问题的突破口吗？"

找到这个关键因素，他立即写了一份题为《如何通过互动式多媒体再现苹果昔日辉煌》的报告。

果然，看过报告的副总裁最后一致决定采纳李开复的意见，而且非常赞赏他的做法，很快他被提升为媒体部门的总监。他干得非常出色，后来不断被提拔。

多年后，李开复遇到了一位当年在苹果公司的上司，上司感慨地对他说：

"如果不是这份报告，公司就很可能错过在多媒体方面的发展机会，今天，苹果公司的数字音乐可以领先市场，也有你那份报告的功劳啊。"

但如果你是李开复，遇到这样的情况会怎样做呢？可能大多数人都不会去揽这样的"分外事"。

为什么？他们不是想不到，也不是不相信自己能做到，而是不愿意去做。这其中有这样的一些认识：

"这不是我的职责范围，让另外的部门去处理吧！"

"领导没有安排我这样干，我出这个风头干什么？"

"我已经把工作完成了，其他事我可就不管了。"

……

正因为有这样的认识，在单位里，不少人对应该解决的问题视而不见、甩手不管。

但是，与上述这样的人相反，一个智慧型的干部或员工，应该是像李开复这样，永远把单位的问题当成自己的问题来解决。

把单位问题当成自己的问题，主动去解决，是团队精神的高度体现，也是主人翁精神和敬业精神的高度体现。

任何这样做的人，其实就是把单位的问题变为了自己的机会，往往最能引起重视并得到更大空间和机会。

（二）所有人的问题，恰恰是自己的机会

不少单位和不少人害怕问题，见到问题往往很厌烦，甚至躲避。但是，只要你和你的团队勇敢面对问题并解决问题，所有的问题，很可能就成了你和你团队的机会。

在这方面，海尔集团有着许多精彩的故事。

家电行业有一种说法：电风扇一转，洗衣机玩完。

一到夏天，由于经常出汗，所以要每天洗衣服。

而夏天的衣服薄，人们习惯于用手洗衣服，而不再使用家里的洗衣机，所以洗衣机的销售进入淡季。

这看起来是所有制造洗衣机厂家的问题，也有一些厂家放弃在夏天大量销售洗衣机。

但是，海尔首席执行官张瑞敏有个著名的管理思想：

"只有淡季的思想，没有淡季的市场。"

海尔通过调查发现，因为市场上销售的全是 5 公斤的大型洗衣机，每天用它来洗少量的衣物，会造成水和能源的浪费。同时海尔还发现，大城市的消费者习惯每天换洗衣服，即使不脏也要洗。

于是，为了适应这一市场需求，海尔推出了可进行水位 3 档调节的 1.5 公斤型"小小神童即时洗"洗衣机，即便是一件衬衣、一双袜子，也可以用该洗衣机及时洗净。

"小小神童即时洗"洗衣机开发出来之后，首先在上海销售，情

况非常好。后来又推广到全国各地。

这不就是把"所有人的问题，变为自己的机会"了吗？

"让洗衣机能洗地瓜"的故事更精彩：

有一次，海尔的领导人收到一些用户的意见，说海尔的洗衣机不好，下水管老堵。海尔的领导派人下去仔细了解情况。

一了解，原来是有些农民客户，用洗衣机来洗地瓜，有时泥沙会堵塞下水管。

后来这件事就在公司传开了，一些人觉得像是笑话，说重要的问题是教育农民"怎么使用洗衣机"。但海尔的领导人却不这么看，首席执行官张瑞敏曾说过：

"用户的难题就是我们的课题。"

后来，海尔专门开发出一种下水管加粗的可以用来洗地瓜的"大地瓜"洗衣机，在中国的许多农村地区十分畅销。

不要害怕问题，问题是引领创新的第一导师。

在我的《方法总比问题多》一书中，讲述了这样一个观点：

"当上帝送一份特别的礼物给你，一定以问题做包装。"

不管是你还是你的单位，在发展过程中，都会碰到各式各样的问题。优秀的中层干部一定要记住：

不要害怕和躲避问题，问题恰恰是最好的机会！

二、"问题只会有一个，方法却有千万条"

这也是我经常引用和强调的一个理念，来源于我为全国十大都市报之一的《重庆晨报》做培训的经历。

那场培训的主题是《做最好的中层》，其中提到一个理念"超越汗水型中层，做智慧型中层"，就是要所有的中层干部不要停留在只懂得"忙"和"累"的层面，而要更多地动脑筋想方法，去创造工作中的多种奇迹。

大家觉得这个观点很好，但是如何去动脑筋解决问题呢？有的学员还是有点畏难：有些问题实在是太难解决了，有时真是束手无策。

这时候，时为《重庆晨报》总编辑张永才，现身说法，讲述了一个自己在做中层时解决问题的故事的，之后便讲了一个非常精彩的观点：

"问题只会有一个，方法却有千万条！问题是死的，人是活的。这条路想不通，想另外的方法兴许就能成，怎么能轻易放弃呢？"

我觉得这个理念非常好。

首先，它强化了我们对解决问题的自信。

不少人遇到问题总是畏难、怕麻烦，觉得再也做不下去，他们往往是走进了一个思维的误区：问题有一个，办法自然也就只有一个。

其实恰恰相反，问题再怎么变来变去，也只有一个，而解决问题的方法，却有千万条。这条路行不通，那我就再换一条。是不是能更自信呢？

其次，它让我们从僵化的思维模式中解放出来。

面对问题难以解决，往往与思维模式的僵化有关。但是，你可以不断地调整思路：正向思维不行，就改为侧向思维；侧向思维不行，就改用逆向思维……通过这种思维方向和方式不断转换，僵化的思维模式就会被打破，更多更好的方法就更容易出现了。

那么，我们该怎么体现这一理念呢？

（一）只为成功找方法，不为失败找借口

我在做培训时，一讲到"解决问题"，总会听到学员这样抱怨：

"吴老师，不是我不想解决问题，实在是有些问题太难了，根本解决不了。"

每当此时，我都会笑着反问他们：

"真的如此吗？你肯定你真的尽全力了吗？真的尽最大的力了吗？"

很多人之所以觉得问题难解决，是因为潜意识里对问题有惧怕，总想逃避，一怕承担责任，二怕解决不好。但越是这样，越无法解决问题。

而一流的中层总是会迎难而上，尽自己最大的力量，去解决问题。

黄小姐是浙江一家著名集团的行政管理中心行政部经理，我们且看她是如何做的。

有一年临近春节，集团准备举办新年酒会，黄小姐是操办此次酒会的负责人。

在准备活动的几天里，黄小姐连做梦都在想怎么才能让当晚气氛达到最高潮。大家出了很多主意，可都不是十分满意。

眼看酒会举行的日子快到了，就在当天上午，突然有人建议，如果晚会上大家都举着蜡烛，那场面肯定十分壮观。

黄小姐一算，总共三千人，人手一支蜡烛，那最少也要三千支蜡烛。距离晚会开始的时间只有几个小时了，如此紧迫，到哪里找这么多蜡烛呢？

这似乎是个不可能完成的任务，但黄小姐还是毫不犹豫地告诉自己一定要做到。

一番询问后，黄小姐得知在当地的农贸市场可能有蜡烛批发，于是二话没说，就赶往那里。

可到了那里，她才发现，蜡烛根本供不应求。跑遍了整个农贸市场，

才搜集到一千多支蜡烛。

怎么办？放弃吗？

如果换了是旁人，很可能就放弃了，毕竟自己努力了，是客观条件不支持。

但黄小姐却没有这样想，她的决定是：没有批量的，就一支一支地凑，一定要凑足三千支蜡烛。

就这样，黄小姐跑了十几家超市，每个超市几十支几百支地凑。功夫不负有心人，三千支蜡烛终于被她凑齐了。

而当晚的酒会，也因黄小姐的努力而举办得非常成功。

很多人都遇到过像黄小姐那样看起来似乎不可能解决的问题，但如果每个人都能像黄小姐一样尽全力，那么相信问题一定能够迎刃而解。

在我的《方法总比问题多》一书中，有一个核心理念：

"只要思想不滑坡，方法总比问题多。"

很多时候，并不是问题难以解决，而是因为有太多不愿意找方法的人。

只要你愿意以"想尽千方百计"的精神去想办法，问题很可能就迎刃而解。

（二）以更开放的心态寻找方法

有一年，国内著名饮料集团娃哈哈公司在拿下几个重点城市之后，决定大力开发郑州市场。

公司首先委派一名长期在市场一线工作的经理亲自坐镇指挥，但在这个古老的商家必争之地调查了好长时间，这位资深经理却无从下手。

考虑再三，他把宗庆后请到郑州。宗庆后在郑州连续转悠三天，无意中了解到近来郑州交通事故比较频繁，而且死伤近一半的是孩子。

于是宗庆后就直奔交通和教育有关部门，提出要给全市五六万小学生每人免费发一顶起安全警示作用的小黄帽。几天后，郑州街头就随处可见一顶顶鲜艳的小黄帽在流动。

这项活动只花了15万元，但却使"娃哈哈"走进了孩子们的心里，也走进了郑州的千家万户，从此"娃哈哈"在中原市场就被轻易敲开了。

这个故事，就是打破惯性思维，去寻找新方法的做法。它告诉我们，不少时候，问题找不到解决方法，往往是因为思维僵化，甚至走进了死胡同。

这时候，如果我们学会从多角度思考问题，或许会产生更多的办法。设想的可能性越多，开启问题之门的钥匙就越多，总有一把钥匙可以打开面前紧闭的大门。

三、成功 = 捷径 + 苦干

提起前美联储主席艾伦·格林斯潘，在美国可谓无人不知、无人不晓，在世界同样具有广泛的知名度。

能够登上他那个位置，可不是一件容易的事情，能取得他那样的成就更不容易。有记者想探究一番他的成功之道，就专门采访了他，并向他提出一个问题：

"您年轻时是怎样工作和学习的，有什么成功的秘诀吗？"

他微微一笑，提出这样一个公式：

成功 = 捷径 + 苦干

这个公式十分精辟。其核心价值在于，说明了解决问题时，找捷径和苦干是很重要的两个方面，尤其是把找捷径排在前面。

（一）愚蠢者瞎忙乎，聪明人找规律

我们且看他自己在解决问题时，是如何体现这一公式的吧。

在上大学时，为了支付学费，他边上学边为一个投资机构当兼职调查员。

当时冷战刚开始，五角大楼大量制造战斗机、轰炸机和其他军用飞机。

于是，投资家都想预测备战计划对股市的影响，因此他们都急于知道政府对原材料的需求量，尤其是铝、铜和钢材的需求量，以便从中赚取大笔利益。

格林斯潘之前对金属市场有些了解，所以他自告奋勇当"侦探"，想为机构调查到政府对金属的需求量。

然而，能够搞到这些数据谈何容易？1950年，朝鲜战争一打响，五角大楼就把所有军用物资购买计划列为保密文件。怎么办呢？

格林斯潘突然想到了1949年的会议记录，那时朝鲜战争还没有开始，军事会议在正常听证会期间召开，记录也很详细，而通过研究政府公告和一年来的新闻报道，他知道1950年和1949年美国空军的规模和装备基本一致。

于是，聪明的格林斯潘从1949年的记录中找出每个营有多少架飞机，每个空军联队有多少个营，新战斗机的型号、后备战斗机的数量和预计损耗量。有了这些数据，他就可以大致算出每个型号战斗机的需求量了。

接着，他又找出每种型号的飞机需要多少铝、铜和钢材，以及各种飞机制造厂的技术报告和工程手册，一头扎进数字、图表和工程专

业术语的海洋。

随着时间的推移,他在凌乱的资料里摸索出了规律,政府的购买计划也变得清晰了。

调查结束后,格林斯潘写了报告发表在《经济记录报》上,题目是《空军经济学》。

三十年后,格林斯潘当上美联储主席后不久,一个曾在五角大楼工作过的同事说对他说:

"还记得你写的《空军经济学》吗?你计算出来的数字跟政府保密文件里的数字非常接近,当时吓了我们一大跳,差点就要派秘密警察跟踪你呢!"

格林斯潘讲他成功的秘诀是"成功 = 捷径 + 苦干",的确如此。

《空军经济学》这项调查,1949年的会议记录是"捷径",在浩如烟海的资料中计算整理出各种型号飞机的数据是"苦干",这两项缺一不可。

通过他的经历,我们可以看到一个很有意思的现象:"愚蠢者瞎忙乎,聪明人找规律。"聪明的人,总是先动脑筋再做事,而且在做事的过程中,总是寻找规律。

这样的做法,实际上往往能找到解决问题的捷径。

(二)越出奇,越能制胜

有时候,解决问题要"非常之事有非常之法",如果我们仅仅将思维局限在常规的圈子里,很多时候是没有办法解决问题的。

这个时候,我们就要善于出绝招、想奇谋,出奇制胜,从意想不到的地方,来解决问题。

一流的中层,绝不会因循守旧,他们往往善于突破,善于找到常规外的解决方法。

我们先来看看下面的故事。

有一次，日本一家不是很知名的汽车公司推出了一款新车，此车的式样极浪漫古典，风格独特。

但是，这款车推向市场后，却无人问津。就在一筹莫展时，公司的销售部经理出了一个主意。

公司先是对外宣传，声称此款车是公司的纪念车型，限量生产2万辆，绝不多生产一辆。这个不同一般的消息使车市一石激起千层浪，人们纷纷开始关注这款"意义不同"的新车。

人们渐渐开始发现这款车的优点，一个月后，订单激增到30多万辆。但是，公司信守诺言，一不增产，二是为公平起见，对所有订购者实行摇奖抽签，只有中奖者，成为"幸运儿"才可购得此车。

经过一番宣传，这款本来无人问津的车一下成为品位和时尚的象征，而这个汽车公司更是成为汽车业的焦点。

《孙子兵法》有云：

"攻其无备，出其不意。"

出奇制胜就是运用"特殊"的手段，以出人意料、变化莫测的斗争谋略与方法取胜于对手。

最高明的行动是别人没有意料到的行动。最高明的计谋是别人尚未认识到的计谋。这也是上述案例中日本汽车公司取胜的原因。

著名学者李四光说：

"一些陈旧的、不结合实际的东西，不管那些东西是洋框框、还是土框框，都要大力地把它们打破，大胆地创造新的方法、新的理论，来解决我们的问题。"

我们要学会经常有新意、想新法，在找不到突破口时，另辟蹊径往往是一条冲出藩篱的捷径。

解决问题的手段没有固定的模式，不妨运用奇谋立奇功。

四、重视"找方法的方法"

我们都想变得聪明一些，这就要不断提高自己解决问题的思维能力。那么该如何做呢？

可以从掌握"找方法的方法"开始。我将之总结为三句话：

"总有更多的方法"：每次思考问题，尽可能多思考几种方法，起码要三种以上。

"总有更好的方法"：不要轻易满足现有的方法，尽可能往更好的方向去想。

"总有最好的方法"：在所有想到的方法上，进行综合分析，最后选出最好的方法来。

别小看这三句话，如果你能掌握，你的思维能力会大幅度提高，并因此成为更会解决问题的人。

（一）不要轻易行动，要尽量想出更多更好的方法

不少中层干部工作很有热情，做事也很有冲劲，甚至还很有魄力。遇到问题往往是很快做出决定："就这么办了！"

有热情、冲劲和魄力是好事，但这样不经思考就做决定，或一个劲地往前冲，往往很难有效解决问题，或达到理想的效果。

这时候该怎么办呢？就该按上述的三句话，不要轻易行动，而要

尽量想出更好的方法来。

曾经看过这样一则新闻：

某煤矿的一处山洞正要进行爆破，一切准备就绪后，却发生了意外：一只受惊的小鹿慌不择路地跑进了装满炸药的山洞。

这让爆破人员大惊失色，爆破的任务非常紧迫，必须尽快将小鹿弄出山洞。

大家纷纷出主意，有的说进去把小鹿捉出来，有的说干脆将小鹿杀死算了……

很显然，这些都不是最好的方法。

这时候，一位工程师冷静地分析了小鹿跑进去的原因：洞里比较温暖。

"那么，如果外面比山洞里还要温暖，小鹿是不是就会出来呢？"

的确有道理，于是大家赶紧搬来一个暖风机，在洞口吹暖风。

十几分钟后，小鹿出现在了洞口外。

大家迅速将洞口堵上，小鹿得救了，爆破也非常成功。

在这个故事中，这位工程师是格外值得称道的。

他没有盲从大家的想法，而是经过冷静的思考，终于找到最好的方法，将问题以最理想的方式解决。

在工作中，我们很容易凭感觉甚至凭冲动办事，但是一个负责而有着方法意识的中层，一定会抑制自己的盲目冲动，对情况和问题进行耐心细致的分析，直到找到最好的方法，让问题得到最好的解决。

（二）效果要圆满，做事需圆通

有一句广告词说得好：

"大家好才是真的好。"

海尔提出工作的最高境界是"方方面面圆满"。

而要达到圆满的效果，做事就要懂得圆通。

在北京一家饭店，一次，有位客人在离店时将房间里的一条浴巾放在提箱中准备带走，服务员发现了这一情况，并报告给了大堂副理。

根据酒店的规定，一条浴巾需要向客人索赔50元。大堂副理想，如何才能既不得罪客人，又维护酒店利益呢？

于是大堂副理在收银处找到准备结账的客人，礼貌地请他到一个没人的地方说：

"先生，服务员在查点您的房间时发现少了一条浴巾。"

当时，客人和大堂副理都很清楚浴巾就在提箱里，但客人碍于面子，并不承认。

于是大堂副理说：

"请您回忆一下，有没有您的亲朋好友来过，会不会是他们顺便带走了？"

大堂副理的言外之意是，如果客人不好意思当众把浴巾拿出来，不妨找个借口说别人拿走了，在付款时将浴巾买下来。

但客人却说，自己在住店期间根本没有亲朋好友来拜访。看得出来，客人并不想花钱买下浴巾。

于是大堂副理接着又说：

"从前我们也有一些客人说浴巾不见了，但后来回忆起来是放在床上，被毯子遮住了。您是否能上楼看看浴巾有没有被压在毯子下面？"

这下客人没有再拒绝，拎着箱子上了楼，很快，他就从楼上下来了，见了大堂副理，装着很生气的样子说：

"你们服务员检查太不仔细了，浴巾明明在沙发后面嘛！"

就这样，事情圆满解决了，既没有让客人感到难堪，又维护了酒店的利益。

这就是典型的"效果圆满、做事圆通"。如果大堂副理直截了当地指出客人拿走了浴巾,并且要求赔偿,尽管也没有错,但会让客人很丢面子,甚至死不认账,那么事情就会很难解决。

而采取圆通的做法,巧妙地给客人制造下的台阶,这样一来,效果达到了,也避免了客人的尴尬。

执行任务时,难免会遇到种种意外,比如,客户极其情绪化,或者故意挑剔自己的产品,甚至指责自己的服务,有些还近乎吹毛求疵、无理取闹。

如果这时候与客户针锋相对、互争胜负,那么不仅有可能导致双方合作关系的中止,更有损公司在客户心目中的完美形象。同时,执行也就无法到位,更谈不上圆满了。

这时候,要争利而不争气,在忍让、谦和的同时,采取尽可能圆通的手段,往往就能达到最理想的效果。

什么是圆通?就是"外圆内方",就是原则性和灵活性的统一!

(三)以建设性思维解决两难问题

在人与人的交流中,有攻击、屈从和建设性三种不同的方式。攻击是把自己的意志强加于人,屈从是压抑自己、纯粹屈服于他人意志。建设性是与人平等而坦诚地交流,在尽可能达成共识的基础上,共同解决问题。

无论是接受任务、人际沟通,还是营销谈判等方方面面,都应有所体现。而这三种不同的方式,会产生三种不同的结果。

为了让大家更好地掌握建设性沟通的技巧,我们在培训中设计过一个工作情景。

面对领导同样的工作安排，不同的人分别以上述三种方式体现出来，而其结果，往往也大为不同。

领导突然分配给下属一项紧急任务，时间紧，难度很大，仅凭他自己很难完成，这时候该怎么办？

1. 第一种方式：攻击

下属激动地说："老总，这绝对不可能，这么短的时间，就算是神仙也完成不了，我做不了。"

那上级会这么想："我最讨厌他这副德性。每次给他分派任务，他没有一次痛痛快快接受，老是推三阻四。如果找到了合适的人，我肯定不会再用他。"

2. 第二种方式：屈从

下属犹豫了一会，尽管知道自己无法完成，但不敢拒绝，只能硬着头皮勉强答应。

对于这样的下属，领导一时可能觉得不错。但实际上却是非常糟糕，往往是他费了很大劲，吃力却未必能讨好，往往由于最后还是没能完成，导致误事，连补救都来不及。

这时候，你别想得到领导的肯定，反倒会引起他强烈的不满："做不到还不反映真实情况，到最后才说完不成了，这不是太不负责任了吗？"

此时此刻，你是不是对自己这种吃力不讨好的行为，后悔不已呢？

3. 第三种方式：建设性

他会这样对领导说：

"好的。我知道这个项目对公司非常重要，我一定会完成任务。但因为时间紧，光靠我们部门的力量不够，您看能不能现在跟 A 部门和 B 部门协调一下，请他们配合我们一起完成这项工作？"

我想任何领导,都会欣然接受第三种方式。为什么会接受呢?因为这就是建设性的:

能充分认识到这个项目对公司的重要性,说明觉悟高;

能保证完成任务,说明你是一个战斗力强、执行力强的下属;

有困难和问题,坦诚地向领导提出,不仅能征得他的理解和支持,而且能确保任务顺利完成。

这难道不是最应该采取的办法吗?很多时候,不怕有问题,也不怕有不同意见,怕的是你总是在对着干,或者只懂得发脾气和抱怨,而没有建设性解决问题的方案和思路。

五、让"正反合思维"帮你把关

在解决问题的过程中,最容易犯的错误之一,就是思考问题片面。因为没有全面思考问题,导致不仅没有很好地解决问题,有时还会弄出想象不到的大问题来。

这时候,就应该学会以负责和冷静的态度去面对问题,并以"正反合思维"帮你把关。

(一)要"志气用事",不要"意气用事"

面对工作中的问题和压力,有两种态度:

一是"志气用事",二是"意气用事"。

所谓"志气用事",就是一切言行和工作被"志气"所引导。

因为心中念念不忘自己的志向,所以做起事来,有"我一定要将事情做到最好""我一定要用最好的方法去解决问题"的认识和决心，最终能以理想的方法解决问题。

所谓"意气用事"，则是一切被"意气"所引导。意气，往往是冲动式的情感。人一冲动，干事就容易不认真考虑后果，而是逞一时之痛快，很容易栽跟头或者落到自造的陷阱而不自知。

这需要格外注意。人是情感动物，往往容易冲动，即使很优秀的人，在特定的时候也难免意气用事。

我一直非常钦佩刘伯承元帅，但他也有过意气用事的时候。

1935年6月，红军一、四方面军会师后混编成左路军和右路军，准备北上。原红一方面军的朱德总司令、刘伯承总参谋长随红军总司令部编入左路军，与张国焘等一同指挥左路军。张国焘反对北上，另立"第二中央"，拒绝北上和中央会师。原红一方面军将领对此表示反对，矛盾激化，刘伯承在高级将领会议上出言顶撞了张国焘，张国焘因此撤了刘伯承总参谋长的职务，刘伯承失去了军权。

经过一番秘密准备之后，刘伯承向朱德总司令提出以武力捉拿张国焘、逼其北上的想法。

朱德一听，立即表示反对，说道：

"伯承，告诉队伍，万万不可感情行事。"

"任何事情都不能操之过急，做事还要看时机成不成熟。眼下四方面军还有不少人听信张国焘的，换句话说张国焘目前在红四方面军中威信最高。我们要多做他的思想工作，善于讲究策略，把四方面军将士的思想认识统一到北上路线方面来，这才是上策。"

朱德还告诉刘伯承，贺龙、任弼时领导的红二、六军团，目前正在翻越雪山向甘孜阿坝方向开来，待与二、六军团会师后，再谋北上寻找党中央毛主席。

刘伯承一番思索，觉得朱总司令说得有道理，于是决定先忍为妙，以利团结。他当场烧毁了捉拿张国焘的计划方案。

此后，刘伯承带领红军加强与二、六军团会师，并鼓舞众将士张国焘迟早会服从中央的建议。

就这样，到了1936年7月，红二方面军将领对张国焘的分裂错误进行了坚决的斗争，最终张国焘自知理亏，不得不撤销他的"第二中央"，被迫北上。

假如刘伯承将军当初意气用事，那么后果将不堪设想，幸好在朱德总司令的开导下，他没有因为意气用事而做出错误的决定。

做任何事情都一样，"志气用事"和"意气用事"虽然只有一字之差，但结果往往大相径庭。

一个人越成熟，就越会变"意气用事"为"志气用事"。

一个智慧的中层干部，不会任凭情感主宰自己，哪怕在遭遇冷落、不公平待遇时，首先想到并不是如何逞一时的意气，而是如何激起自己的雄心与斗志，把意气转化为志气，想出更好的方法，最终让问题解得以解决。

（二）"正反合"才是真正的"三思而后行"

我们常说遇到问题要"三思而后行"。那么什么是"三思而后行"呢？是想三遍再行动吗？

如果是没有质量的思考，别说三遍，就算是想30遍也没有任何意义。

根据我的理解，"三思而后行"的"三思"，实际体现的是三个字："正、反、合"。

指的是不仅要正面想一遍，还要反面想一遍，同时合起来再想一遍。

正：长处，机会，优势；

反：缺点，限制，劣势；

合：好的地方和不好的地方综合起来思考一遍，权衡利弊。

无论我们做什么事情，都应该从正、反、合三个方面考虑，想透了再做。

2018年12月，媒体发布了一则轰动一时的新闻《中石化"炒油"到底亏了多少？业内传闻或达十亿美元》，披露的是中石化下属的联合石化，因为在使油价下跌到一定阶段之后，认为跌到底了，在做石油期货时做错方向。不料油价继续下跌，导致亏损严重。有关干部受到了严肃处理。

该新闻不由得让人想起多年以前，一则震惊全香港的消息：著名的中信泰富外汇期权交易亏损超过150亿港元。中信泰富由荣智健创建，是一家在香港交易所上市的综合企业公司。

中信泰富经营钢铁业务，澳洲是铁矿石主要出口地区之一。2007年8月到2008年8月间，中信泰富与花旗银行、汇丰银行等多家银行签订了数十份外汇合约、远期合约，其中以澳元合约占最大比重。

这样的合约在澳元走高时能获取利润，但受金融危机的影响，一向强势的澳元兑美元大幅下挫，导致中信泰富在衍生品上出现巨额亏损。

根据合约规定，每份澳元合约都有最高利润上限，当达到这一利润水平时，合约自动终止。所以在澳元兑美元汇率高于0.87时，中信泰富可以赚取差价，但如果该汇率低于0.87，却没有自动终止协议，中信泰富必须不断以高汇率接盘，这也是造成巨额亏损的根本原因。

为此，中信泰富遭遇重大损失，荣智健不得不辞去董事局主席之职。

在这一事件中，假如中信泰富能运用"正反合"思维考虑问题，不只是考虑澳元走高，还考虑到因为种种因素，澳元也可能贬值，那么就会事先采取风险防范的措施，不至于导致这样巨大的亏损。

工作中也一样，不能只想好的一面，也不能只想不利的一面。

只想好的一面，一旦事情发展有变，就会让人措手不及，甚至造成无法挽回的损失；只考虑到不利的一面，就会让人畏首畏尾，不敢尝试。

只有建立在上述两方面的基础上，综合考虑，既想到有利因素，又想到不利因素，并且将二者综合起来分析比较，权衡利弊，采取必要的措施，看问题才能更加全面，解决问题才更合理和科学。

（三）培养成熟稳重的个性

这点很容易被忽视，似乎与解决问题关系不大。但实际上，"性格即是命运"，作为中层干部，因为担负的责任重大，其个性绝对不是小事。一些中层干部不成熟，不稳重，小到随便表态讲话、多变易怒，大到盲目决策，"拍脑袋决策，拍胸脯表态"，其结果不仅害人，也害己。

其实，成熟稳重的个性，对一个优秀的中层干部而言至关重要，这在历史上早有评价，有的人甚至将其看作干部最重要的素质之一。

"深沉厚重是第一等资质；磊落豪雄是第二等资质；聪明才辩是第三等资质。"

这其实很有道理，"深沉厚道"，就是遇事一定要冷静思考，计划周详，权衡利弊，这样才能处理好问题，真正体现负责。

优秀的中层干部为什么应该培养成熟稳重的个性，又该怎样去培养这种个性？

大家不妨借鉴一下王敬瑞所著《芝麻官悟语》中的一段话：

"负责就要办事慎重，凡负责的领导都办事慎重。这种领导自己有主见，不随风、不赶浪，办事特别慎重。决策重大事项，既考虑积极的正面效应，又考虑可能带来的负面影响；既考虑近期利益，又考虑长远效果。这种领导不图一时的红火热闹，不迎合上级的某些嗜好，办事首先是为人民负责，为事业负责，为后果负责，对历史负责；不留后遗症，不让老百姓在背后戳脊梁骨。"

六、解决问题的高效法则：删除、合并、替代

很多时候，我们想更高效地解决问题。那么有哪些手段可以帮助我们实现这一目标呢？我总结出了一个法则：

删除、合并、替代。

（一）删除

跳过你所遇到的问题，直接删除。

苹果公司开发 Mac OS 8 操作系统时，本来计划两年内完成。但每次认为还差半年就可以完成时，总会有人发现新的问题，以至于这个项目看上去永远都是半年以后的事情。结果，苹果公司花了10年时间才真正完成该系统的开发。

而在微软，同样的问题也曾发生过，但却有着不同的结果。

微软在研发 Windows 2000 操作系统时，最初也拖延了两年多。总裁比尔·盖茨觉得不能再这样下去了，就请布莱恩·瓦伦汀来拯救项目。

布莱恩·瓦伦汀一上任就制定了一个合理的最后期限，根据这个期限，Windows 2000 的开发团队砍掉了将近一半的功能特性(包括比尔·盖茨最在乎的结合 Windows 95 和 Windows NT 的源代码的计划)，及时推出了产品，取得了巨大的效益。

两家巨头公司面对同样的问题，前者纠缠不前，而后者却快刀斩乱麻，将一些问题删掉，在时间上赢得了胜利。而对于市场来说，先人一步推出产品，是决胜的关键之一。

因此，作为中层，首先必须明白组织的目标是什么？是研制出完美无缺的产品，还是迅速抢夺市场？

在难以兼顾的情况下，必须舍弃一头。

与其让问题拖后腿，不如拿出壮士断腕的勇气，砍掉问题，轻装上阵。

这样做的好处有两点：

第一，使问题简明清晰。

删除不必要或暂时无关的枝节，会帮助你理清思路，使工作高效简明。

一次，宝洁公司的一位经理递给总经理理查德·德普雷一份厚厚的备忘录，这份备忘录上详细介绍了他对公司问题的处理意见。

谁知理查德翻也没有翻，就非常生气地加了一条命令：

"把它简化成我想要的东西！"

还有一位主管递上的报告非常复杂，理查德在后面批示道：

"我不要复杂的问题，我只理解简明的。"

理查德经常说的一句话就是：

"我工作的一部分，就是教会他人如何把一个复杂的问题，简化成一系列简单的问题。只有这样我们才能更好地进行下面的工作。"

化繁为简，方能更快地达到目标。剪掉会影响判断问题的枝蔓，才能使你的工作以最快的速度完成。

第二，大大提升工作效率。

删除能够避免做无用、无效的工作，能够使工作效率大大提高。

（二）合并

当问题众多且杂乱的时候，不妨试着集中一个时间段，专门用来解决各种问题。

在微软总部，有一位叫潘正磊的部门经理。

在刚加入微软时，她的职位是软件开发工程师，每天要面对不同版本软件的研发。而且她还需要和很多其他不同的组打交道。每天，潘正磊办公室里总是人来人往，每个人都带来不同的问题。

刚开始时，只要别人一来，潘正磊就停下自己正在做的事，先解决他们的问题。时间一长，她发现自己每天忙得不可开交，却没有一点效率，手头的工作一拖再拖，总是不能在规定的时间内完成，而且连充电的时间也没有了。

后来，她意识到，因为精力的分散，使得自己没有办法专心下来做自己的业务。

于是她改变了工作方式，设置了一个"回答问题时间"，其他人只有这个时间段才能来找她，其余时间她则可以专心编程。这样一来，她就拥有整块时间来有计划地完成她想做和需要做的事。

分散是高效的大敌，能够综合地考虑问题，也是高效解决问题的一个法则。关于问题的合并，我有两点建议：

第一，能够一次解决的问题，不要分几步做。

这是一个成本问题。潘正磊就是懂得了如何整合自己的时间，把分散的时间集中起来,合并成大的时间块,这样效率就会大大提高。

第二,合并同类项。

把相关的问题放在一起考虑。

问题是有系统性的,把所有相关联的问题放在一起,你就能够综合全面地看待这些问题,从而会有高效、长远的解决方案。

(三)替代

当遇到难题,想方设法也解决不了时,不必纠缠于此,不妨另辟蹊径,找另一种方法替代,可大大节省时间,提高效率。

以上就是解决问题的高效法则。只要我们牢记这一核心:删除、合并、替代,就不难在工作中脱颖而出,成为解决问题的一流高手!

第四章　打造一流高绩效团队

一、将个人高效提升为团队高效
二、以红军的精神塑造团队
三、让平凡的人做出不平凡的业绩
四、以更有效的方法代替简单推动

什么是团队?

团队由个体组合组成,但绝不是简单的人群组合!

真正的团队,是由一群心理上相互认知,行为上相互支持、相互影响,利益上相互联系、相互依存,目标上有共同向往的人们结合在一起的人群集合体。

换言之,只有当团队中的每一个成员都产生共同的认知,才能朝着同一个方向努力,才能产生一流的绩效。

进入21世纪,随着市场竞争的日益激烈,任何一个组织都更加强调发挥团队精神,建立群体共识,以提升工作效率。

这时,能否打造一流高绩效团队,对于中层管理者来说,就显得格外重要。

一、将个人高效提升为团队高效

2018年11月9日,支付宝与欧足联全球合作发布会在上海举行。马云出席并发表英文演讲,希望通过此次合作学习欧足联成功经验,推动中国足球发展。

阿里巴巴集团创始人马云在现场发表演讲说:

"我一直在想,为什么中国有近14亿人口,没有办法把11个人的国家队弄好,我们甚至没有办法出线,没有办法打败一个非常弱小的足球国家,我看到欧洲伟大的球队的时候,他们11个球员像1个人运作,而我们11个球员在场上却像100个人在场上乱跑,这就是我们的问题。"

马云的这番话，让人不由得想起在 1998 年世界杯赛前，教练艾梅·雅凯曾告诫法国球员：

"要么 22 名球员一起赢得世界杯，要么大家一起被踢出赛场。"

毫无疑问，在赢与输的对决中，不是由一两个人决定的，也不能仅靠赛场上 11 位出战的队员，而应由包括替补队员在内的 22 名球员共同努力来争取胜利。球队最大的实力，来自每一个球员。

也就是说，一个奋力拼搏又有强烈团队精神的队伍，才能成为最有"合力"的队伍，成为最有战斗力的队伍。

作为出色的中层，就要把握这一关键，让团队的整体创造力、战斗力发挥出来，只有这样，你的团队才能创造最理想的绩效。

（一）团队必须分工明确又相互合作

单位就像一艘船，船上的每一个人都是同呼吸共命运的。大家有共同的命运、共同的目标。纵观世界 500 强，没有哪一个大企业不注重团队的建设。因为拥有好的团队精神，就容易形成 1+1＞2 的团体竞争力。

那么，怎样才算是一个好的团队呢？

请看 F1 的情况就知道了。

F1，中文称为"一级方程式锦标赛"，是方程式赛事中的顶级赛事。F1 车手是体魄最强健的运动员，他们的丰采万人瞩目，但大家一般不清楚此项比赛的团队合作也至关重要。

团队合作最关键的就是中途进站加油换胎 (Pitstop) 时的效率。在 Pitstop 中浪费一秒钟，就可能对比赛的胜负有关键影响。停站时的失误不但会损失时间，也可能引起火灾。而比赛时工作人员熟练的动作都来自平时的练习，车队通常会利用星期四下午和星期天的早上来练习 PitStop。

Pitstop 是危险的工作，所以每一位工作人员都必须穿防火服，并且要戴安全帽来降低风险。这些工作人员在车队中还有正职，例如，技师、卡车司机、备用品管理员等，而加油换胎只是他们工作的一小部分。

赛车每一次停站，都需要 22 位工作人员的参与。从他们的分工便可看出其合作的精密程度：

12 位技师负责换胎（每一轮三位，一位负责拿气动扳手拆、锁螺丝，一位负责拆旧轮胎，一位负责装上新轮胎）；

一位负责操作前千斤顶；

一位负责操作后千斤顶；

一位负责在赛车前鼻翼受损必须更换时操作特别千斤顶；

一位负责检查引擎气门的气动回复装置所需的高力瓶，必要时必须补充高压空气；

一位负责持加油枪，这通常由车队中最强壮的技师担任；

一位协助扶着油管；

一位负责加油机；

一位负责持灭火器待命；

一位被称为"棒棒糖先生"，负责持写有"Brakes"（刹车）和"Gear"（挂挡）的指示板，当牌子举起，即表示赛车可以离开维修区了。而这 22 人中，只有他配备了用来与车手通话的无线电话；

一位负责擦拭车手安全帽。

在这方面，谁都是被严密分工，谁又都是全面合作，没有齐心协力的团队精神行吗？

团队成员间的密切团结和高效沟通，可以减少成员间的矛盾和冲突、促进成员间相互了解、相互帮助和相互交流，使各成员发挥最大的作用，以实现团队的整体目标，另外，可以实现团队成员间智力资源共享，促进知识创新。

真正的团队，是齐心协力的。齐心才能协力。心先齐了，力量才会往一处使，才会达到最理想的效果。

（二）对破坏团队精神的行为严肃处理

既然团队精神如此重要，那么团队中的每一个人，都必须有强烈的团队精神。凡是团队中的一员，都有尊重团队精神的义务。不管是谁，如果有破坏团队精神的行为，都必须严肃处理。

著名足球教练米卢在任墨西哥足球队教练时，很器重老队长泰纳。当时，泰纳出任中后卫。因为是队长，他颇有一点老大哥的味道。

一次，墨西哥队输了一场比赛。本来，胜败乃兵家常事，但报纸上的一则赛后专访却让米卢很生气。

那是一则关于泰纳赛后的专访，泰纳对记者说：

"这次比赛的失败，是因为弗纳斯（墨西哥队的前锋）的失误。他完全可以打进一球，可他却错过了机会。正是因为他那记臭球，我们才输掉了这场比赛。"

米卢看了，立即找到泰纳说：

"你怎么可以这么说？一场比赛关系到我们整支球队，你怎么可以指名道姓说其他人的不是，别忘了，你还是队长。"

但米卢的这番话没有引起泰纳的反省，他还是一味指责队友的失误，以致引起了队友们的反感。

米卢认为，如果一名球员对自己的队友缺乏最起码的尊重，那么说明他缺乏基本的团队精神，这样的球员无法很好地为球队服务。

于是，米卢大胆起用了一名年轻的中后卫齐拉特，他看出这名小将有着巨大的潜力。

小将齐拉特不辱使命，在世界杯的五场比赛中，为墨西哥队打进了两个球。

米卢的做法，不仅给了小将机会，让他脱颖而出，而且也教育了队长泰纳，同时也教育了所有不重视团队精神的人，让他们更加齐心协力，而不是相互扯皮指责。

任何单位都需要团队的力量，而不是强调某个人的"自我风采"。即使是主力干将，也不能单打独斗。只有自己做到最好，并且能够照顾整个团体，才能发挥最大的合力。

（三）创造"人人有动力，人人要负责"的机制

如果想有一支高效、高质量的团队，就要使团队中的每一个人都高效。

这种高效的产生，有时不只是提高思想上的觉悟，更是创造一种"人人有动力，人人要负责"的机制。

在这方面，海尔集团的一些成功探索，值得借鉴。

几年前，海尔集团发动了一场"内部管理市场化"的管理革命，如今称为SBU(Strategical Business Unit的缩写，即策略事业单位)。

通俗解释就是要把海尔的3万名员工变成3万个"小老板"，让员工的业务与员工的利益挂钩，高效有高回报，而完不成任务就要承担责任。

效果十分惊人。如海尔物流推进本部的张永劭，竟然通过这场革命由一名普通员工，变成了年营业额近10亿元的"公司老板"。

当时，海尔物流推进本部决定试点"SBU"，选中了钢板采购这

个比较容易量化的岗位，张永劭也由此成为钢板采购经理。

然而事情并不是一帆风顺，合同刚签订，张永劭就遇上了2002年国际贸易争端导致国内钢板提价。

在过去，他就可以说：

"没办法，钢板提价，与我无关，你们看着办吧。"

但是现在签了合同，他只能自己想办法完成合同。

以前只管采购的他，现在不得不为拉货操心。因为每天都要掏港口费用，不赶快联系运输就会提高成本。

但是把货物运到物流中心，只是万里长征的第一步。为了节约资金和时间，张永劭必须赶紧将钢板发出去。

他还主动与国际化分供方合作，开发新型替代材料，既保障了客户利益，也消化了因钢材涨价对自己业务的不利影响。

钢板因运输等环节的原因屡屡出现问题，事业部一度向张永劭索赔。

为了找出钢板损坏的原因，他跟着司机"跑运输"，追踪了所有运输环节，硬是编出了一本《钢板运输、装卸、存储指南》，送到每一个运输工手中，将钢板破损率降到零。

这是以前谁都难以想象的，而张永劭竟然做到了。

由于创造了一种"人人有动力，人人要负责"的机制，创造了不可思议的奇迹。这样值得中层干部们根据自己团队的情况，进行探索。

只要你也能探索出类似的机制，自己团队的每个人也会变得"性能优越"，团队也能真正高效。

二、以红军的精神塑造团队

一说起红军,我们立即会想到这是一支坚不可摧、极具战斗力和凝聚力的队伍,攻无不克,战无不胜。

如果能够以红军的精神来塑造我们的团队,那么就能够在瞬息万变的市场中披荆斩棘,所向无敌。

下面这些,就是红军精神至今不过时的一部分。

(一)理想

很多人曾经这样评价,红军是一支由理想主义者组成的军队。是的,任何团队都无法脱离理想而生存。没有共同理想的团队,必定是一盘散沙。

日本侵华战争爆发之后,红军极力要求和国民党军队组成抗日联盟,去前线参加抗日战争。

然而,蒋介石在红军改编的问题上百般刁难,甚至要求红军"改名""穿国民党军服""戴国民党帽徽"。

这些要求遭到了大部分战士的反对,这颗五角星,伴随他们经过了多少生死之战,多少战友为了这颗红星而壮烈牺牲。

可如今却要他们摘下红五星,换上国民党的帽徽,他们当然想不通!

面对这些问题,朱德、贺龙、刘伯承、罗荣桓等高级将领带头,做干部、战士的思想工作。贺龙在一二〇师誓师大会上说:

"现在国难当头,为了国家与民族的生存,共同对付日本帝国主义,我愿带头穿国民政府发的衣服,戴青天白日帽徽,和国民党部队统一番号。这样，看起来我们的外表是白的，但是我们的心却是红的，永远是红的！"

1937年9月6日，一二九师在陕西省泾阳县石桥镇冒雨举行抗日誓师大会。师长刘伯承将头上的红军帽摘了下来，他缓缓地抚摸了一下红五星，说道：

"不管戴什么帽子，不管穿什么衣服，我们的心永远是鲜红的……同志们，为了救中国，暂时和红军帽告别吧！"

说罢，他将缀有国民党党徽的军帽迅速戴在头上，然后发出命令：

"下面，我宣布：换帽子！"

随着刘伯承一声令下，全师指挥员和战士一起戴上了准备好的灰色军帽。

理想能够使团队忍辱负重，能够为了更长远的目标而忍一时之辱。上万人因为同一个目标而甘愿担负屈辱，这一切，只有共同的理想才能办到！

现在，很多组织都意识到了理想的重要性，一些大公司纷纷强力打造团队的理想，作为企业文化的核心内容。

理想是团队的灵魂。一个共同的理想，能够将所有成员团结到一起，为团队的目标共同努力。

（二）奉献

在危急时刻，能够接受考验的团队，才是有生命力、能高效完成任务的团队，而为了达到团队的目标，奉献精神是不能少的。

在红军中，这样的事例实在太多了，许多人都为了大众和战友献出了自己的生命。他们永远是我们学习的榜样。

实际上，奉献精神的价值并没有过时，也不只限于中国。且看这样一个案例：

柯林斯是美国著名的管理学家。他在30多岁时，已经出版了一些作品，成为斯坦福商学院最受学生欢迎的教授，但是在管理学界，他并不是很有名。

后来，他去拜访现代管理学之父德鲁克，并向他问起这样一个问题：

"大师，我该如何才能成功呢？"

德鲁克慈祥地看着他说：

"如果你不改变你发问的方式，那么你注定不会成功。"

柯林斯非常奇怪地问道：

"那么我要如何发问呢？"

老人用苍老但却掷地有声的声音对他说：

"只有你先问'我该如何贡献'，你才能获得成功。"

当别人都在问自己该如何成功和获取更多财富时，德鲁克却高屋建瓴地提出了"我该如何贡献"这一全新的理念。

这句话从此改变了柯林斯对于成功的理解：成功来自于奉献。不是你获得了什么，而是你付出了什么。只有当你的贡献对别人有用的时候，你才能成为一个成功者。

这次与大师的会面对于柯林斯来说，是一个改变命运的机会。之后，他按德鲁克的要求提升自己，成为了有名的管理学家。

是的，一个民族缺少了奉献精神，就会被历史淘汰；一个国家缺少奉献精神，就不会国运昌盛；同样，一个团队如果没有奉献精神，就不可能成长为高效团队，只能是没有生命力的团队。

作为团队管理者的中层，就必须以身作则，并将奉献精神贯彻在团队中。

（三）信念

当遇到困难和挫折，能不能坚持下去，是能否获得胜利的关键。

很多事情，不坚持到最后，怎么就知道它就做不成呢？但是，要坚持到最后，就需要信念的力量。

朱德元帅是中华人民共和国十大元帅之首，他的故事，也被很多人所熟知。

但或许很多人并不知道，朱德元帅并不是一到部队就有很高的位置和威信，陈毅元帅曾回忆道："朱德同志在南昌暴动的时候，地位并不重要，也没有人听他的话，大家只不过尊重他是个老同志罢了。"

南昌起义时全部起义军共有2万余人，朱德当时领导了不到500人参加。

可后来一件事情改变了朱德的地位。

起义军撤离南昌时，朱德被任命为先遣队司令，而当时先遣队也只有两个连的人。

在起义军南下的途中，朱德率领约4 000人掩护主力部队，牵制敌人兵力。当时留守的部队和比自己多数倍的敌人展开了激战，整整三天三夜，伤亡很大。而等到他们要去追赶主力部队的时候，却得到消息，主力部队在潮汕已经失败。这样一来，部队上下都被低落的情绪所笼罩。

更大的考验还在后面。当朱德率起义军余部行至江西安远县天心圩时，由于孤立无援、给养紧缺，使得军心涣散，不仅很多师团领导离开了部队，有些营连干部甚至带着一个排、一个连公然离开部队。

朱德深知，再不鼓舞士气，让大家的心重新凝聚起来，那么这支部队很快就会陷入溃散的险境。

但凝聚人心，在当时的情况下，谈何容易？毕竟困境就摆在面前，但朱德还是毅然担当起力挽狂澜的责任。他召开大会，说了这样一番话：

"大家知道，大革命是失败了，我们的起义军也失败了！但是我们还要革命的。同志们，要革命的跟我走，不革命的可以回家，不勉强。"

接着，他又说道：

"但是，大家要把革命的前途看清楚。1927年的中国革命，好比1905年的俄国革命。俄国在1905年革命失败后，是黑暗的，但黑暗是暂时的，到了1917年革命终于成功了。中国革命现在失败了，也是黑暗的，但黑暗也是暂时的，中国也会有个'1917年'的。只要大家保存实力，革命就有办法。你们应该相信这一点。"

陈毅元帅在《关于"八一"南昌起义》中回忆："人们听了朱总司令的话，也逐渐坚定了，看到了光明前途了，当时如果没有朱总司令领导，这个部队肯定地说，是会垮的。"

陈毅元帅还写道："这时候，朱德同志才成为这支部队的领袖。"

朱德以对革命的强烈信念，影响了大家，革命的火种得以保留，之后就有了湘南暴动和井冈山朱毛会师。

信心的价值，正是在遭遇困难与问题时体现。正因为遇到问题，所以才需要信心；越是遇到困难，越要强化信心。

朱德的这段经历，让我们看到坚定团队信念的重要性，同时也给我们中层干部一个重要的启示：

越能给予团队以信心，越能拥有领导力！

（四）任务至上

在前面第二章《保证完成任务》中，我们就提到了红军战士最常说的一句话，就是：

"保证完成任务！"

的确，每一个红军战士，都将任务看得比生命更加重要。我们常常可以看到红军能够完成那些被认为是不可能完成的任务，比如，在缺水的情况下坚守上甘岭阵地 24 天，比如，一天一夜靠赤脚奔袭百十余里夺取泸定桥。

这种为了完成任务而全力以赴的精神，是中层管理者在塑造自己的团队时，必不可少的。

作为团队的一员，是否能够把团队的信念贯彻到底，是否能够不顾一切地完成自己的任务，是使一支团队成为最高效团队的关键！

没有这样的精神，就没有高效可言！

没有这样的精神，就没有一流的团队！

三、让平凡人做出不平凡的业绩

现代管理学之父德鲁克有个非常重要的观点：

"什么叫伟大的组织？伟大的组织，就是让平凡的人做出不平凡业绩的地方。"

这个观点对中层干部有很好的启迪作用：

如果你想成为一位优秀的中层管理者，那就不用刻意去寻找天才，而是调动那些平凡人的积极性，让他们发挥自己最大的优势，克服自己的缺点，将一件件平凡的小事做好，铸造不平凡的成就。

那么，怎样让平凡的人创造不平凡的业绩呢？

（一）给单位创造惊喜的人，单位一定要给他惊喜

在我所著《方法总比问题多》一书中，有这么一个故事：

2002年9月，我参加了世界华商大会。会上，一位姓杨的著名华商的发言，给大家留下了深刻的印象。

杨先生是浙江温州人，十多年前，他的一位远房亲戚在欧洲开饭店，邀请他过去帮忙。没料到，他到欧洲不久，亲戚就突然患病去世了，饭店很快也垮了。

杨先生不想回国，就在当地找了份工作。几年后，他到了一家中等规模的保健品厂工作。公司的产品不错，但知名度却很有限。

他从推销员干起，一直做到主管。一次他坐飞机出差，不料却遇到了意想不到的劫机。度过了惊心动魄的十个小时之后，在各界的努力下，问题终于解决了，他可以回家了。

就在要走出机舱的一瞬间，他突然想到在电影中经常看到的情景：当被劫机的人从机舱走出来时，总会有不少记者前来采访。

为什么自己不利用这个机会宣传一下自己的公司呢？

于是，他立即做了一个在那种情况下谁都没有的举动：

从箱子里找出一张大纸，在上面写了一行大字：

"我是××公司的××，我和公司的××牌保健品安然无恙，非常感谢解救我们的人！"

他打着这样的牌子一出机舱，立即就被电视台的镜头捕捉住了。他立刻成了这次劫机事件的明星，多家新闻媒体都对他进行了采访报道。

等他回到公司的时候，公司的董事长和总经理带着所有的中层主管欢迎他回来。

原来，他在机场别出心裁的举动，使得公司和产品的名字几乎在

一瞬间家喻户晓。公司的电话都快打爆了,订单更是一个接一个。

董事长动情地说:"没想到你在那样的情况下,首先想到的竟然是公司和产品。毫无疑问,你是最优秀的推销主管!"

董事长当场任命他为主管营销和公关的副总经理。之后,公司还奖励了他一笔丰厚的奖金。

这个故事说明了一个道理:在任何单位、任何机构,能够主动找方法解决问题的人,最容易脱颖而出!

而如果站在管理者的角度讲,这对我们也有很大启示:对这种自发的员工,就要让其一跃而"跳龙门"。

在这个案例中,无论是主管还是公司都做得很好。主管给了单位一个惊喜,而单位,同样也给了他一个惊喜。

及时奖励和肯定团队成员的杰出事迹,并采取以使他"惊喜"的方式来进行,会引起大家争相学习的良性连锁反应。

不仅会让被奖励者在今后的工作中更有动力,想办法做得更好,同时也会给其他员工以更好的激励。

单位在给员工惊喜的时候,要注意三点:

第一, 奖励一定要及时。

第二, 奖励的形式可以多样,既可以是物质的,也可以是精神的。

就像前面讲过的海尔对两位员工的奖励,推荐上《新闻联播》,这样的荣誉或许比给多少钱都有意义。

第三,奖励的力度,一定要好到出乎他的意料。

这是最重要的一点。因为这不仅对当事人是鼓励,而且对其他人更是一种极大的激励。

(二)让"新兵"也有"高级见习"的机会

这是华为培养优秀人才的绝招。2018年,华为创始人与日本索尼公司吉田社长交流,亲口讲述了具体做法:

"组织要充满活力,要敢于在内部组织与人员中迭代更新。比如,我们的作战组织,要保证一定比例的基层人员参与决策层。

最高层司令部的'战略决策',允许少量新员工参加;再下一层级叫'战役决策',如区域性决策、产品决策等,不仅是新员工,低职级员工也要占有一定比例。我们层层级级都实行'三三制'原则,要让一些优秀的'二等兵'早日参与最高决策。

以前大家排斥他们,有人问'新兵到最高决策层做什么?'帮领导'拎皮包'也可以呀!他参加了会议,即使很多内容听不懂,但是脑袋开了天光,提早对未来作战明白,而且他们还年轻。新生力量就像'鲶鱼'一样,把整个鱼群全激活了。

因此,迭代更新很容易,我们不担心没干部,而是担心后备干部太多了,不好安排他的工作。后备干部太多,在职干部就不敢惰怠,否则很容易被别人取代。"

(三)给他超乎寻常的尊重与回报

在这方面,海尔的员工管理法很值得学习,包括:

第一,让员工把心态端平放稳。

第二,让员工把心里话说出来。

第三,让员工把归属感"养"起来。

第四,让员工将职业心树立起来。

第五,让员工能在岗位上"熠熠闪光"。

有关让普通员工在岗位上"熠熠闪光"的故事实在太多了。如他们用多种方式，鼓励创新，许多在普通岗位上进行创新的员工，很快成为单位的耀眼明星。

在海尔，有很多以创新者名字命名的工具，如"云燕镜子"和"晓玲扳手"。

我们先看"云燕镜子"的由来：

海尔的冰箱体与冰箱门的接缝处，要钻4个精密度非常高的孔。每次钻好之后，都要将冰箱翻过来检查，否则就无法知道孔是否钻好了。这样不仅麻烦，而且很浪费时间。

负责给冰箱门钻孔的高云燕对此深有体会，她想，难道就没有一种简便的方法来解决这一问题吗？

一天，高云燕抱着试一试的想法，在穿孔台前放了一面镜子，没想到居然能非常清楚地看到钻孔的情况。

就是这样一面小小的镜子，不但解决了一个老问题，而且还大幅度提高了钻孔的准确性与速度。

为了肯定高云燕的创新精神，海尔不仅给了她物质上的奖励，还将她的这一创新命名为"云燕镜子"。

"晓玲扳手"的来历和"云燕镜子"十分相似：

海尔员工杨晓玲在工作时，偶然发现冰箱上的温控器化霜按钮非常不牢固，一不小心就掉了。很有敬业和创新精神的杨晓玲想：

"能不能改进一下呢？"

于是，她利用业余时间造出了一个组装按钮的坚固扳手，使按钮组装一次性合格率达到了百分之百。这个扳手被命名为"晓玲扳手"。

这些看似不起眼的小创新，却使很多普普通通的海尔人成为最耀眼的明星，并激发了更多海尔人的创新意识，"启明焊枪""申强挂钩""迈克冷柜"等不断产生，海尔员工通过创新，把自己的荣誉、事业、智慧和企业结合在了一起。

在首届"CCTV中国年度雇主调查"活动中，海尔集团获得了"2005CCTV中国年度雇主调查特别奖"。

一向以管理严格著称的海尔，为何能够成为员工心目中的最佳雇主呢？海尔集团副总裁周云杰道出了其中的秘密：

"海尔，给每个人一个创新的空间、发展的舞台，你能翻多大的跟斗，就给你搭多大的舞台，只要你创新，人人都能够成为企业的明星，市场的明星。"

盘活企业，首先是盘活人。盘活人最重要的是超凡的激励。当员工都能因为这些激励而越来越有成就感时，他们的创造力和战斗力就会被加倍激发出来。

（四）给他超乎寻常的空间

奥康集团能够从3万元、只有7个工人起家，发展到现在拥有1.5万名员工，成为中国最大的民营制鞋企业之一，和该公司采用的让员工有较大的空间的方法分不开。

举例来说，有一次，奥康集团接了一批订单，鞋子做好后，准备发往意大利。但在最后检查的时候，负责这批货的外贸业务助理小张发现其中有十几双存在一些小问题。

当时，集装箱已经在码头等着了，时间非常紧，如果重新做，就无法及时出货，很可能就不能在规定的时间内运到，那么公司的损失将会很大；但如果出货，又是一批有瑕疵、不完整的货，那给公司带来的，不仅仅是金钱上的损失，更是信誉上的损失。

该怎么办呢？

面对这样的两难问题，小张急得像热锅上的蚂蚁。

其实，在很多公司，如果出现这样的问题，大都会出经理来解决。

可是，在奥康集团却不一样，奥康集团的领导会将权力下放给下属，很多事情都会让下属自己想办法解决，领导只要拥有知情权就行了。

而且，当时奥康的中高层管理者全都在外地，参加公司一年一度的"思考周"活动，即使是想找领导，也找不到。

她给自己的上司发了一条短消息，对情况进行了简单的说明，领导很快给她回了话：我知道了。问题该怎么解决，你自己定。

这么一来，小张反而冷静下来了。她突然灵机一动，想到仓库里还有一批一模一样的鞋，那批货是准备发往香港的。毕竟到香港近，而去意大利却要40多天。既然现在最着急的是发往意大利的货，最好的办法只能是从发往香港的那批货中，先拿出十几双，放到发往意大利的那批货中，然后再加班加点补做。

尽管这存在一定的风险，但在那种情况下，已经容不得过多考虑了，于是说做就做。就这样，一个棘手的问题被解决了；一个能解决问题的中层也被培养出来了。

奥康领导之所以会对下属说"问题该怎么解决，你自己定"，并不是他自己没有主意，也不是他对这件事不在乎，而是领导希望有关干部和员工，能够有办事能力和承担能力，而不是一味地听从命令，顺从指挥。

这样放手让员工"自己定"的做法，就是给员工好的空间，格外适合员工成长和发展。

四、以更有效的方法代替简单推动

中层干部必须有推动力，如何推动，各有各的方法。有的甚至还采取责骂的方式进行。

有没有更有效的方法呢？

当然有。下面两点就很有价值。

（一）以 DASS 影响法替代生硬推动

是什么原因造成了团队绩效不高？

有能力较差的员工拖后腿；

有员工总是和上级发生矛盾；

有员工只顾自己的利益而忽略了团队的利益……

诸如以上种种，都是影响团队绩效的因素。当面对这些问题时，我们的管理者会如何做呢？

很多管理者可能都会选择 3 种方式：①斥责；②晓之以理；③干脆请他另谋高就。

但我认为，这些都不能解决根本问题。

我曾经遇到过一位老总，他和一位经理之间出现了矛盾。这位经理仗着自己业绩突出，总是喜欢在开会时当众提出不同意见顶撞他，让他很下不了台。他也曾试图用讲道理的方式说服那位经理，可效果不大。他也曾想斥责这位经理，但又怕引起更大的矛盾。

他对此感到非常苦恼，于是问我该怎么处理这样的事情。

我建议他舍弃"晓之以理"的方法，而采取"动之以情"的策略。

例如，如果第一句话就对下属说：

"你犯的错误很严重,可是我也没和你计较。"

那么下属肯定会反感,产生抵触情绪而拒绝沟通。

如果老板说:

"你在那么多人面前顶撞我,很显然你根本没有把我放在眼里。"

结果就会更糟。

因此,直接沟通时,不要谈论对错,不要猜测别人的动机,更不要把责任都全部放到对方身上。

最有效的沟通方式应该是采取比较感性的方法,对他讲出你自己的感受。比如,我建议他说:

"当你在那么多人面前发脾气的时候,我感到非常为难。"

这样一句话是不能反驳的,甚至可能会使对方设身处地地理解和同情你。

显然,用感性的方式沟通,会比直接争辩对错更容易换取对方的同理心,达到沟通的目的。

作为一名领导者,尤其是中层领导,在和团队成员一起工作的时候,经常要和团队的员工沟通,但是如果表述生硬,只会使你的谈话陷入僵局,没有人愿意总是被命令、被指导。

所以,在这里介绍一种和下级有效沟通的ＤＡＳＳ影响法:

(1)描述(Describe):"当你……的时候"。

(2)承认(Acknowledge):"我感觉……"。

(3)具体化(Specify):"我更愿意……"。

(4)给团体带来的利益(Show Team Benefits):"这样有利于……"。

例如,当你正在开部门会议的时候,突然有一个迟到的员工闯入会议室,这个时候,你会怎样办呢?

严厉的批评？肯定不是最好的方式，可能不但起不了作用，还会使员工产生逆反心理。

这时候你不妨换一种方式说：

"当你匆忙赶到会场的时候，我感觉你还是很重视这个与大家交流的机会的。我更愿意看到你能够和大家一起坐下来交流，而不是匆匆忙忙赶来。这样既有利于我们有一个好的会议环境，也有利于我们对你的认知。"

我想再顽固的员工听到这样的话，也会及时认识到自己行为的不妥。

因此，要使得团队更加和谐，就必须选择合适的沟通方法。以DASS影响法代替生硬推动，是有效提高团队绩效的方法。

（二）改进考核方式，让员工更加自觉

考核方式越优化，工作效果越理想。考核与奖惩，是保证做好工作最重要的手段之一。二者密不可分，而有效的考核，是有效奖惩的基础与保证。

关于考核的手段与艺术，人力资源理论中有不少，如果我们一一列举，那就太多了。

我们且以海尔的改革为例，分享两个重要的做法：

第一，将奖惩与工作者的投入产出比积极挂钩。

在海尔，有这样一个让人深思的故事：

有一天，海尔集团青岛物流中心的段经理，找到了他的上级，提出：

"请撤掉我的办公桌，减掉中心无效的岗位。"

这确实有点不可思议，因为就在几个月前，他还以人手不够为由要求增加人手！那么到底是什么原因，让他有这么大的转变？

原来，以往物流中心的工作目标，是及时配送、零停机，所以人手越多反应速度越快，订单完成率越高。在他看来，只要完成各项指标就可以了，公司经营的好坏则与自己无关。

但后来，公司采取了新的考核和奖惩制度：对于类似物流中心这样的机构实施经理制度和损益表，让中心成了独立经营的实体，物流中心的经营状况直接与自己的工资收入挂钩。

当段经理第一天拿到损益表时，吓了一大跳——当天竟亏损近千元。

而这还仅仅是一天的亏损，如果再发展下去，那还得了？

经过新的考核与奖罚措施的制定，他负责的这个部门的指标都量化成了经营效果，每天的经营情况在损益表中都能直接体现出来，自己一目了然，不下功夫改进行吗？

于是，他立即针对最短板寻求解决措施。通过对损益表的分析，他发现办公室租赁费和叉车租赁费投入资金占用比例较大，他的工作现场就是物流中心，不应该坐在办公室里办公。于是，他撤掉了办公桌，减少了不能升值资源的占用。另外，他将高位叉车租赁减少为 8 部，仅此一项就每年节约资金 20 万余元。

当奖惩与执行者的投入产出比直接挂钩时，就能充分调动执行者的积极性，将单位的事真正当成自己的事，成为工作的"主人"。

第二，将考核者调整到位。

考核者就是对考核对象打分的人。一般单位的考核，往往是由人力资源部门进行，或者由主管上级说了算，如果做得更全面一点，还会加上员工评定和其他部门的评定等。

但有些企业却在这样的基础上进行突破，因此效果更明显和突出，如海尔集团。

在海尔，曾经发生过这样一件事情：

有一段时间，海尔集团设备事业部部长总是半夜被电话铃声吵醒。

一天晚上，冷柜事业部的发泡生产线出了故障。设备人员接到信息后，并没有及时赶到现场服务。冷柜事业部员工因为订单着急，只好将电话打给了设备事业部部长，问题这才得以解决。

当时海尔集团产品事业部的设备维护，是由集团设备事业部统一管理、服务的。

设备人员之所以不能及时上门服务，是因为他们的收入是由设备事业部部长发，而不是服务对象发的。

《海尔人》报对这一现象及时进行了报道。设备事业部立即调整了考核机制：设备事业部与服务部门签定合同，设备人员的收入不再由设备事业部发，而是由他们的服务对象确认效果后再发。

从那以后，"夜半铃声"频频响起的事情再也没有发生过。

问题之所以能得到彻底解决，原因在于考核者不一样了，当绩效要由自己服务对象的满意度来决定时，类似推诿、拖延的事情当然就不会再发生。

第三单元 最好的中层怎样超越

第一章 超越你的优秀

一、"优秀是卓越的大敌"
二、要想不断发展,就得拥有"空杯心态"
三、以四大"不要",打造一流中层

能够站在中层位置上的人，往往是优秀的。但到了一定阶段，一些中层就开始自满，或者根本就难以往前走了。

这时候，摆在他们面前的问题，就是如何超越自己的问题！

固守昨天的优秀，必会导致今天的落后。固守今天的优秀，必会导致明天的平庸。

只有调整自己的心态，勇于将已有的优秀"归零"，才能轻装前进，吸取更多的能量，获得更大的发展！

一、"优秀是卓越的大敌"

前几年，有一本在全世界十分畅销的书《从优秀到卓越》。作者名叫柯林斯，是美国当代最杰出的管理学家之一。他在这本书的第一章就提出了一个明确的观点：

优秀是卓越的大敌。

这句话十分耐人寻味。众所周知，从优秀往前面走一点，就到卓越了。应该说优秀是卓越的基础才对，为什么他偏偏会提出这样的观点来呢？

照他这样的观点，优秀不仅妨碍了卓越，而且还是大大妨碍了卓越啊！怎么会是这样呢？

其实，这个观点的真正含义并非否定优秀的重要性，而是告诉我们一个道理：

并不是"优秀"，而是对自己"优秀"的满足和膜拜，才是卓越的大敌。

（一）别让自己成为自己最大的敌人

我曾经被江苏一家著名民营企业邀请去做培训。之前，企业老总和我有过一次交流。

他谈到这次培训的重要目的之一，是解决企业某些管理者取得了成功就很"牛"，甚至不服管的问题。

其中他特别谈到了自己的一位副总。这位副总当年跟随自己一起艰难创业，同心同德，立下过汗马功劳。等到企业发展到相当规模的时候，他也就自然而然地坐上了副总的位置。

一方面为了感谢这位副总跟随自己多年，付出了很多努力，另一方面，这位副总也确实很有能力，是自己的左膀右臂，于是他给了这位副总他所能给的最高待遇，不仅年薪超过百万，而且给了他很大的自由发挥的空间。

开始时，这位副总表现得还不错，但很快，他就越来越随心所欲。开会的时候，他总是找各种借口经常不来，交给他的事情也是敷衍了事，差错不断。而最让这位老总难以忍受的是：这位副总居然自己偷偷在外面办起了工厂，干起了"私活"。

尽管这些他都看在眼里，但考虑到企业正处于腾飞期，正是急需用人的时候，所以他还是忍了下来，并多次找这位副总谈心，希望大家能够齐心协力。但效果都不大。

于是他希望我在做培训的时候，有意识地针对这种情况，讲一讲如何调整心态的问题。

为此，我特意增加了案例，并进行了详细的分析。

但让人没有想到的是，培训刚开始，这位坐在最前排的副总，居然就在众多员工的注视下，毫无顾忌地开始呼呼大睡，虽然旁边的人几次轻轻将他推醒，但没过两分钟，他又趴在桌子上睡着了。

老总将这一幕看在眼里，当时非常生气。甚至将他睡觉的样子拍摄了下来，准备在会后对他进行教育。

即使是再好的培训，对一个睡着的人也是无法发生作用的。一年后，我又遇到了那位老总，聊天中，我问起了那位副总的情况。

他告诉我，那次培训后不久，自己又与他进行了一次深入的交流，但还是无法改变他。无奈之下，他只能将那位副总辞掉了，同时接受了我的建议，引进了几个人才，同时又在内部选了一批好苗子，进行重点培养。

那位副总后来全心投入到自己办的工厂中，但很快就发现，自己做其实有很多困难，并不如想象的那么简单。很快，工厂就因为销售渠道没打开而停产。不久前，他给这位老总打了个电话，委婉地表达了自己想再回公司的意愿。

但这位老总说：

"这肯定是不可能的，当初给了他机会，他没有珍惜，现在即使想回来，他的位置也早已经被人替代。"

我对这位副总的命运深深感慨：

不是别人，而是他成了自己最大的障碍！

而出现这一障碍的关键，就在于他太把自己当一回事，对自己的"优秀"过于膜拜了。

不可否认，优秀、有能力的人是应该受到尊重和器重的。但是，由于自己优秀就开始觉得自己了不起，越来越听不进别人意见，越来越不尊重领导和单位的规章制度，却是职场的大忌。

而有些人，当感觉自己优秀之后，往往不仅个性上过于自大，而且私欲开始膨胀。这样走下去，最终往往是搬起石头砸了自己的脚。

是的，"优秀是卓越的大敌"。一味崇拜自己的优秀，不仅无法卓越，而且最终还会葬送自己的优秀!

"倒空"你的优秀,你才可以更加优秀!

(二)别让过去的优秀成为今天最大的敌人

在很多大学,我都做过"学比尔·盖茨,不学爱迪生——21世纪的创新智慧"的讲座。

这并不是全面否定爱迪生,而只是在一个层面上否定他——由于他不能与时俱进,在取得巨大成功后自满,最后导致了不应有的挫败。

爱迪生是人类历史上最伟大的发明家之一,他仅受过3个月的正式教育,一生却取得了一千多项专利。

毫无疑问,爱迪生的成就是有目共睹的。但在交流电被人发现时,他却固执地站在对立面,想扼杀新生事物,固守自己过去最好的成就——直流电。

1882年,在白炽灯彻底获得市场认可后,爱迪生的电气公司开始建立电力网,由此开始了"电力时代",当时公司输电靠的是直流电。

不久,交流电技术开始崭露头角,但受限于自大的心态和自己在直流电方面的投资利益,爱迪生始终不承认交流电的价值。

发展交流电技术的威斯汀豪斯公司,一度被爱迪生压得抬不起头。但谁也不可能逆着规律来,新生事物以锐不可当之势浮出水面。后来那些曾崇拜、迷信爱迪生的人们在铁的事实面前惊讶地发现:交流电其实比直流电要强得多!

爱迪生公司的员工和股东引以为耻,干脆决定将公司名字中的"爱迪生"三个字去掉,成立了今天大名鼎鼎的通用电气公司(GE)。

爱迪生辉煌了大半生,却在人生的尾声栽了一个大跟头,再也没能爬起来,成了他一生抹不去的污点。

与他形成鲜明对比的则是新时代的比尔·盖茨。

最初,他设计的软件是DOS系统,那是一个被华尔街的专家评为"生蛋的金鸡"的软件。

就在DOS卖得最火的时候,比尔·盖茨却下决心把它淘汰掉,促使了革命性的Windows系统的出现,由此产生了一个奇迹:比尔·盖茨打败比尔·盖茨,微软淘汰微软。换句话说,他们走在了时代的最前沿,超越自己的同时又超越了时代。

爱迪生之所以会在晚年犯下那么大的错误,与自己不能放下自己过去的优秀有关。曾经锐意进取的爱迪生,到了晚年却说了一句令我们目瞪口呆的话:

"你们以后不要再向我提任何建议。因为你们的想法,我早就想到了!"

在这种个人崇拜思想的指导下,固步不前甚至倒退也就在所难免。

而比尔·盖茨恰恰相反,他不满足一时的成功,顺应时代的需求,敢于向自我挑战,从而不断超越。

英国著名的思想家罗素有句名言:

"人生最难学的是过哪座桥,烧哪座桥。"

《菜根谭》中也有一句名言:

"昨日之非不可留,今日之是不可执。"

"非"就是不好的东西,昨天不好的东西,要丢弃,这可以理解。

"是"就是好的东西,正确的东西。但今天好的东西、正确的东西,却也不可执着。这就耐人寻味了。

其实,这讲的就是今天好的东西,也可能在明天成为发展的障碍。我们对此也要保持警惕,学会不断超越!

二、要想不断发展，就得拥有"空杯心态"

不管是个人还是单位，要保证永创一流，就应该保持"空杯心态"！

什么是"空杯心态"呢？这源于一个著名的禅宗故事。

南隐是日本的一位禅师。一天，一位当地的名人特地来向他问禅，名人喋喋不休，南隐则默默无语，只是以茶相待。

他将茶水注入这位来宾的杯子，满了也不停下来，而是继续倒。

眼看着茶水不停地溢出杯外，名人着急地说：

"已经满出来了，不要再倒了！"

南隐说：

"你就像这只杯子一样，里面装满了自己的看法和想法。如果你不先把杯子空掉，叫我如何对你说禅呢？"

这个故事给了我们很大的启示：

我们每个人的心，就像这个茶杯，如果装满了自以为重要的东西，利益、权力、知识，或是优秀、经验、骄傲等，便再难装入更多的东西，自然也就谈不上超越和进步了。

通过这个故事，我们得出一个很有价值的概念——

空杯心态。

所谓空杯心态，就是要将心里的"杯子"倒空，将自己以前所重视、在乎的很多东西一起倒掉。

只有将心倒空了，才会有外在的注入，才能拥有更大的成功。

这是每一个想发展的中层所必须拥有的心态，也是最需要的心态之一。

那么，该如何拥有这样的空杯心态呢？

（一）剪掉无形的长辫子

谁都想在职场中有所发展，有的甚至为此付出了很大的努力，但效果还是不理想，其中的原因，往往是自己有一些无形的缺点，但自己却没有发现。

在我们甘霖智慧培训机构举办的"首届中国白领成功班"上，一位姓薛的小姐给大家讲了一个"一头头发换一份工作"的故事。

薛小姐在法国留学时，得知巴黎一家著名企业要为在中国开设的专卖店招聘主管，于是决定去应聘。这家企业招聘的要求很高，内容包括相关的专业知识和美感、创造力、领导才能等。

薛小姐在首次面试中表现得十分自信，也很出色，加上自己是中国人，学成之后会回中国发展，比其他竞争者更有优势，她认为得到这个职位是十拿九稳的。但没想到的是：面试后，她很久才得到复试的消息，而且主考官通知她的语气，显得比较冷淡，没有太多的热情。

薛小姐是一位很懂得反思的人，她想：为什么会这样，是不是自己哪方面出了问题？

这时她想到了一个情景：进门的时候，主考官的目光在她齐腰的长辫子上停留了一会。她突然意识到，问题会不会出在她留了10多年的长发上？因为她应聘的公司，是一家世界著名的以经营服饰和珠宝为主的企业，办事干练是公司员工的总体风格。招聘的主考官，就是一头齐耳的短发，显得特别精明能干。

她想：是不是因为这条长辫子，让主考官担心她无法融入企业的整体文化呢？

于是，薛小姐一咬牙，剪去了她一直视为珍宝的及腰长发，并选择了一款与主考官风格相近的套装去复试。

她的分析一点都没有错，当她再次出现在主考官面前时，主考官看到她那一头短发，眼中闪过一丝赞许，然后会心地一笑，说：

"看来你已经准备好了。"

复试十分顺利，薛小姐很快就获得了自己梦寐以求的职位。

长辫子是薛小姐个人的所爱，但当她意识到自己所珍爱的东西，也许与企业整体风格有冲突时，便毅然决然将她剪掉，最终赢得认同。

或许，主考官看到的不只是她剪掉长辫子的勇气，更是那种体现在取与舍之间的职业素养。

很多人未必留着薛小姐那样的长辫子，但却留着思想等方面的"长辫子"。这种无形的"长辫子"，实际上是他们向来珍视的一些东西。

每个人都有自己的优点，这些优点按常理是应该引以为荣的。可有时候，优点也可能成为事业发展中的瓶颈。

不能说这些"长辫子"不好，但是，当它与企业的价值观和文化相冲突的时候，就要看你是否有勇气将它"剪掉"了。

只有将它们"剪掉"，才能更好地融入团队，迎来更大的发展空间。

（二）勇于认错

任何人，哪怕位高权重，哪怕学富五车，哪怕曾取得突出的成就，都不可能不犯错。

面对自己的错误，有两种态度。一是自以为是，固执己见；二是老实认错，坚决改正。

态度不同，效果也不同。

明朝万历年间，有一个考生在考试时，写了一篇文章叫《怨慕章》。其中有一句"为舜也父者，为舜也母者"。

当批卷的官员看到这句话时，认为此句"不通"，把这篇文章放在了第四等，就是很差劲的那一等。

这位考生得知以后,非常不服气。他辩解说:

"这句话出自陈文法的《檀弓》。"

谁知这句话被批卷的官员知道了,他非常恼怒地说:

"偏你读《檀弓》!"

这一下,反而把文章放到了更差的五等。

像批卷官员这样的中层,在现实中也是存在的。因为觉得自己非常出色,因此固执地认为自己是对的,看不到别人的优点,听不进别人的意见。结果,自己的优秀反而成为了发展的障碍,这也就是"金苹果"为什么会变成"烫手山芋"。

同样在明朝,还有一位大臣,他与上面所说的那位官员不同,是一位非常懂得超越自己的优秀的中层。

明朝的徐阶是历史上一位很有雅量的名臣,年纪很轻就颇有作为,还不到30岁就被派去"督学浙中",也就是负责督察指导浙江中部的教育事宜。

有一次,徐阶阅卷时,看到一名秀才引用了"颜苦孔之卓"一句,就以为是秀才生造之语,于是在其卷子上批了"杜撰"二字,并将此卷评为四等。

这名秀才因自己的卷子受到徐督学的指责,心里不大服气,拿着卷子去向徐阶请教:

"大宗师见教诚当,但'颜苦孔之卓'出自《扬子法言》,实非生员杜撰也。"

听了秀才这话,徐阶的随从非常生气,对秀才说:

"你一个破秀才,凭什么跟徐大人这么说话?我们大人的学问何等渊博,岂容你如此无理。"

的确,徐阶是当朝有名的文人,要学历有学历,要资历有资历,是个响当当的人物。

可令众人没想到的是，徐阶喝住了随从，他站起身来，十分坦诚地对秀才说：

"我这个人侥幸太早为官，没有很好地做学问。今天，承蒙你多多指教。"

接着，他提起笔将秀才的卷子重新评判，列为一等。而这段故事也成为佳话，流传至今。

正如法国著名思想家卢梭所说的：

"伟大的人是决不会滥用他们的优点的，他们看出他们超过别人的地方，并且意识到这一点，然而绝不会因此就不谦虚。"

当我们开始膜拜自己的优秀时，不妨想想那位明朝官员，以此为鉴，将优秀放在足下，变成阶梯，踏向更加优秀的旅程！

（三）不怕"从零开始，从头再来"

在我做"赢在中层"课程培训的时候，一位曾经在全国妇联系统某杂志社工作的中层干部谈了自己的经历。

在到杂志社之前，她是全国妇联的干部，从一个国家机关的干部到妇联下属的杂志做广告业务负责人，她感觉自己还是很优秀的。

然而，她到中国妇女杂志社的时候，领导跟她谈话，就说了三句话：

"市场不相信眼泪！"

"你干不了别人可以干！"

最后一句是：

"我需要的是急风暴雨，不是阳春白雪！"

她形容听了这三句话当时的感觉：

"脑子一片空白，回家对着墙说话：'这怎么办啊。'白头发一夜就出来了。"

我想领导对她说的这三句话，也正是我们每一个中层干部应该记住的。无论过去怎样，如何成功，如何优秀，那都是过去，而一个单位看的不是你的过去，而是现在。

忘记以前的成功，时刻提醒自己一切从零开始，只有具备这种不怕"从头开始的"精神，才能有新的超越，新的进步。

更加值得学习的，是不怕"从头再来"的超越态度。

前几天我看了一本书《销售之魔》，是日本一个非常有名的销售大师田中道信写的。在书里，他提到了一段关于他年轻时的经历。

田中道信曾在理光公司做得非常棒，而且还和公司的第一任社长相处得很好，有一段时期简直就是公司里的明星。所有人都认为他很了不起，慢慢地，连他自己都觉得确实是那样。

后来理光公司的第二任社长馆林三喜男上任。在工作上，田中道信和这个新领导的意见有一些不合，而且当时田中道信还犯了一个致命的错误——总是用前任领导的作风来挑剔现任领导。

结果可想而知，领导抓住了他一个错误，就立刻让他"休假"了。用他自己的话形容简直就是"从登峰造极的地方跌落到万丈深渊……"

他一直无法接受这个事实，觉得自己的失败就是因为手腕不够，被人整了，每天都对辞掉自己的领导怨恨不已。

但是有一天他终于醒悟了，虽然自己以前为公司赢得了几十亿、几百亿的巨额资金，也成功地策划了很多项目。

但是，这都是在"理光"这块大牌子下才得以进行的，而且如果没有数百名职工一起努力，这些成就是不可能取得的。

而他自己，不过是理光公司这个庞大组织机构里的一员，即便做到很高的位置，也不过是一个领薪水的员工，也永远只能以这样的身份展示自己的能力。

当真正地体会到自己的错误后,他决定洗心革面。

在坐了4年冷板凳之后,田中道信终于又获得了一个机会——理光公司系统内的三爱集团的常务董事。

经过不断的努力,田中道信使这个本来严重亏损的企业扭亏为盈。而他再也没有犯过以前的错误,而是时刻将自己归零,在不断地进取中,他后来成为三爱集团的老总。

没有人能够永远保留昨天的荣誉,你不进步就会被替代。

没有人会因为你跌倒了就等你,你不重新站立起来,就一定会被淘汰。

只有不因为昨天的成绩而骄傲,不因为一时的挫败而自暴自弃,不怕从零开始,无惧从头再来,这才是对自己充分负责的态度,也能因为这样的"空杯"心态而突破,并获得更大发展!

(四)大反省,才有大进步

《论语》中有句话:

"吾日三省吾身。"

先哲告诉我们,每天要数次反省自己。可真正到了现实生活中,不要说反省数次,反省一次恐怕都很难做到。

但我们认为:

会反省,才会进步!

而大反省,才有大进步!

美国第32任总统富兰克林,每日睡觉前总会检讨今天预定要做的事是否全部达成,并且思考明日要做的事。

日本"经营之神"松下幸之助有一个习惯,就是每天固定用一小时的时间来思考经营上的问题。

……

像富兰克林、松下幸之助这样的大人物每天都要反省,可见自我反省是多么重要。

春秋时期,齐国有一位非常有名的宰相叫管仲,他就是一个很善于反省自己的人。

有一次,齐桓公出门打猎,因追逐一头鹿而走进了一个山谷,看见一个老翁,于是就问:

"这叫什么谷?"

老翁回答说:

"这叫愚公谷。"

齐桓公问:

"为什么叫愚公谷?"

老翁回答说:

"这是因为我而得名的。"

齐桓公说:

"看你的仪容,不像个愚人,为什么说因你而得名呢?"

老翁回答说:

"您听我慢慢说:从前我养了一头母牛,生了一头小牛,小牛长大后,我把它卖掉了,又买了一匹小马。有个不良少年见了说:'牛不能生马。'于是他就牵着小马离开了。我的邻居听说这件事后,认为我愚蠢,所以就把这个山谷叫愚公谷。"

齐桓公说:

"你实在太愚蠢了。你为什么要给他呢?"

于是齐桓公就回去了。

第二天上朝的时候，齐桓公无意中对管仲说起了这件事。没想到的是，管仲听后非常严肃。他整了整衣襟，倒身拜了两拜，说：

"这是我的愚蠢啊。假如尧（古代帝王）还在位，咎繇（尧的一位官员）掌管司法，哪会出现抢人家马驹的人呢？如果遇到强横的人，就算是像那个老翁一样的人，也一定不会给他的。那位老翁知道司法诉讼还没有走上正轨，宁肯被别人勒索，也不愿请官员出面伸张正义。我请求回头修明政治。"

本来齐桓公只是无意讲了这件事，却让管仲产生了愧意，并反省了自己的过失。

孔子看到这个故事后如是说：

"弟子们要好好地记着：桓公是个称霸天下的明君；管仲是个贤能的宰相。他们还会有以智为愚的时候，何况是比不上桓公、管仲的人呢？"

我们也可以说：

"不能反省自己的中层，是不能进步的中层。"

三、以四大"不要"，打造一流中层

要成为一流中层，就必须去掉一些中层容易犯的毛病。具体体现在如下四大"不要"。

（一）不要成了"功臣"就不受约束

在做管理培训的时候，我发现单位老总最苦恼的问题之一，就是自己辛辛苦苦培养出来的下属，一旦被提拔、重用，就变得很自我，不受约束，甚至处处要和自己逆着来、对着干。

自己精心培养出来的干将，一旦有了独当一面的能力，就开始"牛"，处处要按照自己的想法做，而且产生这样的心理：反正你离不开我，就算我不听你的，你也不能把我怎么样。

这些人，往往有一种"功臣情结"。以为自己给单位做过很大贡献，老总应该长久器重我，其他人都要处处尊重我甚至让着我。

有这样的心理是十分可怕的。从小处讲，会导致领导不满，从大处讲，会损害与单位其他人的关系，毒害单位的文化，最后的结局，往往只能被单位当成前进中的障碍排除在外。

即使是"功臣"，也不能有不可一世的心理，而要懂得谦逊。

1952 年，陈赓代彭德怀主持中国人民志愿军司令部的工作。

当时朝鲜战争刚刚结束不久，不少志愿军伤残人员都到哈尔滨进行休养。绝大多数军人表现得非常好，但是也有一些不太好的现象发生。

有一天，在一个汽车站，乘客正排队上车，突然拥过来十几名伤残军人，他们争着往前挤。

有几个老百姓看不惯，说了他们几句。这些年轻士兵火了，大声嚷叫起来：

"老子在前方流血牺牲，现在身残归来，还不该享受优待？"

有几个转业军人也看不惯他们这种态度，就批评了他们。这些伤残军人更生气了，他们叫喊着：

"除了志愿军司令员，谁也别来管老子！"

当时正好陈赓路过那里，看到这一幕，他忍不住大喝一声：

"我就是志愿军司令员陈赓，今天，我就管管你们！"

那十几个人一看，站在自己面前的，可不就是志愿军的司令员吗？

于是赶紧立正，向他行军礼，连手都不敢放下来。

陈赓对群众道歉说：

"战士无礼，干部有责，这是我陈赓教育不严。我向大家道歉！"

接着，他将十几个年轻的伤残军人狠狠批评了一通。然后，他要了一部车子，派人带他们游览斯大林公园和太阳岛，又将他们送回疗养院。

临走时，陈赓和伤残军人一个个拥抱，他深情地说：

"在战场上，你们都是英雄，是有功之人哪。人民敬重你们，你们千万不要居功自傲。要保持志愿军的荣誉，万万不可把自己降成兵痞。要是人民嫌弃你们，你们就连亲爹亲娘也没有啦！"

这些伤残军人都受到了很好的教育，保证从此再也不会有这种讲究特权的行为发生。

人一有功，往往就容易居功自傲。而陈赓教育这些士兵的话，其实也是在给我们提醒：

是功臣，就是单位的"金苹果"；

但如果居功自傲，"金苹果"就会成为"烂苹果"！

（二）不要有了地位就摆架子

著名职业经理人李开复在《给中国学生的第七封信——21世纪最需要的7种人才》中讲到一个发生在他公司里的故事。

有一个非常聪明的工程师，而且对公司也有不少技术贡献，一个人可以完成好几个甚至几十个人的工作，所以公司过去一次次地提拔他，最后他成为公司仅有的"高级副总裁"级别的工程师。但他不愿意与人合作，对其他人不如自己的地方也极为不满。

有一次，他将一封回给另一位工程师的电子邮件同时抄送给各级主管经理和总裁,在那封邮件中,他历数了对方在工作中的失误并严加指责,甚至使用了"愚蠢透顶"这样的字眼。

那么,这份邮件突出了他在单位里的地位吗?

没有。恰恰相反,它反倒在公司内部造成了极坏的影响,同事们对他不满,不再信任他,不愿意与他合作。公司管理者也逐渐意识到,这种绝顶聪明,但缺乏合作意识,动辄指责他人的"天才"在公司里造成的反面效应其实比他为公司做出的正面贡献大得多,最后,他成了单位不需要的人。

对此,李开复强调说:"这种人才绝对不适合在一个21世纪的现代企业中工作。""21世纪,我们需要的是'高情商的沟通合作者',因为几乎没有项目是一个人可以做出的。"

"如果一个人是天才,但他孤僻、自傲,不能正面地与人沟通,融洽地和人合作,那么他的价值将大幅度下降。"

你可以发你的光,但是,请你不要熄灭别人灯。

你可以在一定的位置上好好做事,但请不要动不动就摆架子,瞧不起别人。

人民日报原副总编,中国作家协会全国委会委员梁衡曾经写过一篇《周恩来让座》的文章,文中写到了这样两个感人的场景:

有一年,《人民日报》报道了新会农民周汉生用水稻与高粱杂交,获得一种优良水稻新品种的事迹。

周总理看了报道后很重视,专门带了一位专家飞到广州,然后到了新会,在实验田旁边见到了这位农民。

接待人员找了一把小竹椅和一个小方凳放在田头,本意是让总理坐小竹椅。

不料总理却坐在了小凳上,将小椅子推给了周汉生,说你长年蹲田头，太辛苦。

还有一次，朝鲜工会代表团来中国访问，周总理接见了他们并和他们合了影，当时，他的座位本来被安排在前排正中间。但周恩来却怎么也不肯坐，而是让当时的全国总工会主席刘宁一与客人坐在正中间，说你是正式主人，今天我是陪客。

结果总理真的坐在旁边，报上也就这样照发照片。

尽管只是两件小事，但周总理谦逊的品格却得到了很深的体现。他的做法，与李开复讲述的那个骂别人"愚蠢透顶"的干部，形成了鲜明的对比。

周总理给我们树立了领导者谦虚的好榜样：要赢得爱戴，就必须丢掉高高在上的架子，就必须学会谦逊待人。

（三）不要提升了就当"甩手掌柜"

很多单位都有这样的现象：

有些人当普通员工的时候，表现得非常出色，不仅兢兢业业，有高度的责任心，而且主动执行、想办法执行。

但升了职、做了领导之后，却变得很松懈，执行力、行动力反倒不如以前，不愿亲力亲为、不想思考，当起了"甩手掌柜"。

但对于任何职场人士来说，保证执行力和行动力就像保证生命线一样重要，这不仅决定了自己的竞争力，也决定了企业的竞争力。员工要有执行力，领导更要有执行力：不仅自己要带头执行，还要有方法、有策略，带领员工一起执行。

我们来看麦当劳快餐店的创始人雷·克罗克是如何让企业的领导者保持执行力的。

雷·克罗克是美国社会最有影响的十大企业家之一，他一直强调

"走动管理",也就是管理者不能只待在办公室,而是要时时"走动",深入各个层面,及时了解情况,解决问题。

有一段时期,麦当劳面临着严重亏损的危机。雷·克罗克发现造成危机的重要原因之一,是公司各职能部门的经理有严重的官僚主义,习惯于躺在舒适的椅背上,指手画脚,将许多宝贵的时间耗费在抽烟和闲聊上。

于是他下定决心改变这种状况。

一天,麦当劳的经理会议准时召开,当经理们端着咖啡杯,像往常一样慢悠悠地走向会议室时,却被眼前的情景惊呆了:会议室里所有椅子的靠背全被锯掉了。

他们不知道发生了什么事,开始议论纷纷。有的经理围着这些没有靠背的椅子转来转去,其惊讶程度就像在看一个外星人。

他们都在猜测:这是怎么回事?是谁将椅子靠背锯掉了?这样的椅子怎么能坐?

这时,雷·克罗克走了进来,非常严肃地对经理们说:

"靠背是我锯掉的。我看你们每天习惯靠在舒服的椅背上,抽烟、闲聊,而对公司的事务缺乏关心。这一切从今天开始,都结束了。"

不仅会议室椅子的靠背被锯掉了,经理们办公室里椅子的靠背也都被锯掉了。

没有靠背,经理们开始都不习惯,但这也促使他们重新开始重视"走动管理",纷纷走出去,深入基层,用行动解决实际问题。

就这样,麦当劳在大家的共同努力下,终于走过了那段困难时期,逐渐步入良性发展的轨道,规模越来越大。

其实不仅在麦当劳,很多企业都存在"甩手掌柜",高高在上,不想长远,只图安逸,即使有问题也视而不见,能拖就拖,实在拖不下去就敷衍了事……

"甩手掌柜"的危害是显而易见的：

1. 造成人浮于事，层层不执行，层层不到位。

2. 有能力，却最无效。

3. 企业的"甩手掌柜"越多，企业的整体执行力、竞争力就越弱，甚至会造成严重的生存危机。

要想避免"甩手掌柜"的出现，关键在于两点：

1. 环境不能太舒适、安逸。就像克罗克锯掉舒适的椅子靠背一样。

2. 要制造危机感，有竞争机制和淘汰机制。如果今天当"甩手掌柜"，那么明天就请回到普通职员的位置。

一流的中层，不要认为到了一定阶段，就可以当"甩手掌柜"。

只有时刻走到一线，不离一线，才能避免官僚主义和形式主义，将工作做实，取得实效。

（四）不要取得了成绩就不找差距

无论是一个人还是一个单位，最容易犯的错误之一，就是取得了一定成绩，就沾沾自喜，认为自己天下第一。

他们没有想到：山外有山，人外有人。只要放宽视野，就会发现还有其他的单位和人比自己更强，值得自己学习。

他们更没有想到：一时的成绩并不意味着永久的优秀，只有不断找差距，才能获得更大的腾飞。

第一，要时刻拔掉"思想的毛刺"。

在这方面，海尔集团的团队，从领导到员工一直都保持最清醒的头脑。尽管他们很优秀，但是他们总是意识到自己可能和别人对时代及市场需求的洞察有差距，因此经常不断进行反思和改进。

海尔集团是响当当的民族品牌，而它所创造的发展奇迹，与海尔的领导者对批评的态度是分不开的。

一次，一位上海的用户在使用海尔洗衣机时，手指被塑料进水孔处的一个"毛刺"划伤了，于是她写了篇题目为《海尔怕什么》的文章，并投给了媒体。因为这个小小的毛刺，她对海尔集团的售后服务和产品设计提出了质疑。

这说起来也算不上什么大事，毕竟任何产品都不可能做到十全十美。但海尔集团领导对此十分重视，首席执行官张瑞敏在集团高级管理人员培训会上，让大家针对"毛刺"事件进行了讨论，并且指出：干部怕的就是不知道自己怕什么，还强调说：

"其实当你的成果受到市场欢迎的时候，就说明快要被别人超越了，而且别人怎样超越你，你永远也不会知道。既然如此，从成果出来的那一天起，你就只有自己否定自己，开发一个更新更好的产品，永远战战兢兢，永远如履薄冰。"

为此，海尔集团的内部刊物《海尔人》在头版连续三期以《我们怕什么》为题发表述评。文章这样评述："在我们的周围，既有看得见的毛刺，又有看不见的毛刺，但最可怕的就是看不见的思想上的毛刺。"

"从洗衣机'毛刺'的追踪过程中我们得出了这样的结论：物质文化有毛刺，是制度文化出了毛刺；制度文化有毛刺，是观念上有毛刺。"

通过这次事件，海尔集团的领导层要求全体海尔人树立一个正确的态度，并制定了一系列强化忧患意识和改善的措施。

一个小小的毛刺，却受到海尔集团领导层如此重视，甚至上升到全体海尔人思想觉悟的高度，这的确值得我们干部借鉴和反思。

在工作中，一些干部存在这样的想法：努力了那么多年，现在到了领导岗位了,可以放松对自己的要求了。对于下属、对别人,可以高标准、严要求,但对自己,过得去就行了,即使有些小问题、小毛病,也无所谓。

其实,不重视自己的问题,或者不愿意面对自己的问题,就是思想上最大的"毛刺"。

优秀的干部,面对这样的"毛刺",是绝对不应该放过的。他们会像海尔集团的领导层面对上述问题那样,勇敢地接受批评,并在批评的基础进行自我批评。

第二,要勇于不断学习,甚至是向对手学习。

学习是看到了自己的不足,不断学习,就是想不断寻找自己的差距,而让自己不断改进。这时候学习就该是如饥似渴的事情,哪怕向对手学习。

一提起向对手学习,恐怕很多人都会摇头:那我可不甘心,再说,如果他还不如我,我凭什么要向他学习?

《瞭望东方周刊》曾发表一篇题为《胜利的关键是善于学习》的文章,很有意思,我们不妨看看:

想当年,土里土气的共产党军队,一次次把装备精良、训练正规的国民党军队打得落花流水,原因何在?关键在于解放军善于在战争中学习战争。不但认真总结自己的经验,还善于向敌人学习。

华东野战军在孟良崮战役中,歼灭了国民党王牌军74师。战后陈毅司令员命令俘虏兵一个不许放走,都补充到解放军的连队中去,称为"解放战士"。这些经过正规训练的士兵,在战斗中表现出良好的技术和战术水平,引起了陈毅的重视。他说:"我军作战勇敢是好的,但战术不行,只知道猛冲,伤亡很大。我们有一个营长指挥三个连去打一个村里的敌人,村外是开阔地,冲一次就死伤七八十人。一个俘虏兵是轻机枪射手,见营长叫'打!打!打!'问:'营长,你叫打哪里呀?'营长说不出。机枪手提出用三挺机枪封锁对方火力点,压住敌人的火力,掩护部队发起冲锋。结果没有一个伤亡,敌人被迫投降了。这是战术的作用,我们的营长不如人家的班长,俘虏兵起了指挥作用。"

74师军官被俘后,华野司令部召集他们开座谈会,把他们对解放军的评价汇集起来。74师军官承认他们的失败,但也指出解放军在战斗中表现出来的一些缺点。如步兵班排进攻时,队形过于密集,容易遭受损失;在战斗中不善于保护自己,如卧倒后应该挖个简单的卧射坑,隐蔽后再进行射击;伪装应注意与周围环境一致等。

这些见解都引起了华野指挥员的重视。几乎每次战役后,华野都要把国民党被俘军官找来开座谈会,并整理成战役总结,下发到各个连队。

国民党统帅部一贯蔑视共军。有一次,74师师长张灵甫得到了一套解放军的军装,研究一番后,把军装带到南京见蒋介石:"共军军衣比我们做得好。一是长、厚,很暖和,穿起来可节省大衣,又方便。我们的军衣短,遮不住屁股,又很薄,不穿大衣受冻,穿了又不方便。二是肩上扎线,背枪弹不容易坏;我们不扎,坏得很快。三是军裤很长,我们的很短,还要用绑腿打起来。"蒋介石不高兴了:"你不要在这里宣传共产党好,赶快下去。"解放军的军装虽然没棱没角,布料也差,但打仗却很实用。蒋介石连这点也不接受,怎么可能对解放军有清醒的认识呢?

通过这篇文章,我们能明显看出善于学习敌人的共产党人赢得了最终的胜利,而蒋介石却连下属对解放军军装的见解都看作是为共产党做宣传,又怎么可能在学习中进步和取胜呢?

不了解对手，又怎么可能超越对手、战胜对手呢？

这个故事，不由得让人想起沃尔玛创始人山姆·沃尔顿，他把一个在小镇上开的小商店，开成了全世界最大的百货商店。当记者问他为什么能做到这点时，他回答说：

"这只有一点：因为我去对手商店观摩学习的时间，比他们到我店里的时间多得多。"

要保持永久的竞争力，就必须永远找差距！

找差距的意识和能力越强，竞争力就会越强！

第二章 超越你的部门

一、多一点理解沟通,少一点指责抱怨

二、要大团队,不要小团体

三、培养环境的"第三只眼"

"谁都不是一座岛屿，自成一体。每个人都是欧洲大陆的一部分。如果海浪冲刷掉一块泥土，欧洲就少了一点；如果一个海角，如果你朋友或你自己的庄园被冲掉，也是如此。任何人的死亡都使我有所缺损，因为我与所有人命运相连。所以不要问丧钟为谁而鸣，它为你而鸣。"

这是作家海明威在他举世闻名的著作《战地钟声》的扉页上，引用的英国诗人约翰·邓恩的一段诗。

尽管这只是一首诗，但却深刻地说明了人与人之间、团队与团队之间的关系。在任何一个单位里，部门与部门之间都不是脱节的，而是相互依存、荣辱与共的关系。

这就要求一个优秀的中层能够超越自己的部门，和其他部门一起，着眼全局，为组织的共同目标而努力。

一、多一点理解沟通，少一点指责抱怨

很多人在职场中会遇到这样的情况——本来好心办事，但没有料到：事情办成了，但是吃力不讨好，甚至你认为应该感谢你的人，偏偏还抱怨和责怪你。

为什么会这样？难道是别人心肠太坏了吗？

未必如此。出现这种情况，很可能是由于你考虑问题只及一点，不及其余。

我曾在某企业做过一次执行力的培训，培训结束后，企业的宣传部长向我诉苦，讲述了一件刚刚发生，让她百思不得其解的事情。

该企业的设计部门最近开发了一种新产品。她觉得这种产品非常

不错，于是写了篇介绍新产品的报道，登在当地的一家新闻媒体上。

这本来是一件很好的事情，不但宣传了企业，也宣传了设计部门。但她没有想到：稿子发出来后，设计部的部长对她的意见很大，甚至见面都不愿和她说话了。

她不知道出了什么问题，请我帮她出主意。

我没有立即答复她，而是直接去找设计部的部长了解情况，很快就弄明白了问题出在哪里。

原来，设计部长认为，宣传本来是件好事，但是，宣传部门不应该在没有征求他们的意见的情况下就将稿子发了，这样就带来了两点不好的效果：

第一，宣传部长对这种新产品的了解并不到位，有些地方没有写好，内行人看了都觉得是笑话。他觉得这是丢了自己的脸。

第二，这个项目是他一手抓的，本想一成功，就亲自向领导汇报，并为此精心准备了一份报告。但领导当时正在出差，等回来时，最先看到的是宣传部长的报道，首先表扬的是宣传部长。他觉得这是她有意抢功，所以对她很有意见。

这样的想法大大出乎宣传部长的意料，尤其是第二点，她大叫冤枉，说实在是误会自己了。但不管怎样，别人对她有意见是事实，她不得不承认自己有做得不到位的地方，假如事先与他进行了沟通，这样的事情就能避免。

与此同时，设计部长也存在自己的问题：只是从自己的感觉出发，没有与宣传部长进行交流，结果误会了别人，也激化了两人的矛盾，并有可能导致两个部门之间的矛盾。

于是，在我的协调下，两个部长面对面进行了一次充分的沟通，互相站在对方的角度进行了思考，才将心结打开。

这样的例子并不少见。一个单位就是一个系统。处理一个问题的过程，也是一个系统处理的过程。在遇到问题要解决时，不要采取孤立、片面、机械的方式，而是当作一个有机关联的系统，以大家都能接受的方式处理。

同事之间、部门之间，只从自己的角度出发，而没站在对方的位置上着想，由此就会屡屡产生矛盾。

矛盾越多，抱怨越多，互相扯皮就在所难免。

这时候，就要各自懂得反思和换位思考，并加强相互之间的沟通。这样，就会少很多误解和摩擦，多很多协作与和谐。

（二）产生矛盾需要沟通，也要注意方式与场合

作为部门的领导者，有时不仅要考虑自己的人际关系，更要考虑怎样协调自己部门和其他部门间的人际关系。

如果考虑不周全，很可能就会使自己的部门陷入孤立的困境。

在一次中层培训中，一位学员的故事引起大家的重视。

这位学员曾经被一家集团公司任命为市场部经理。刚上任不久，在一次例行部门会上，他对大家说：

"我知道大家最近一段时间非常辛苦，工作中也遇到了一些问题。如果你们有什么需要向公司高层反映的，可以向我提出来，我会在部门经理例会上反馈给总经理。"

这本来是一个不错的做法，作为中层，下情上达也是职责所在。

于是，下属们纷纷开始提意见。这时有人提出，公司财务部付款时间拖得太长，建议财务部门提高工作效率。

一席话引起了其他人的同感，大家纷纷抱怨财务部门的工作效率低下，给自己的工作带来了很多不便。

他认真地一一做了记录，并且说：

"我一定会给大家一个满意的答复。"

于是他在部门经理的例会上，逐条将自己部门员工反映的问题提了出来。没想到，他的陈述立即引来了其他部门的不满，行政部经理反问道：

"大家都在一个公司工作，为什么就你们部门的员工如此挑剔？"

而财务部经理则指责他们不了解财务程序，一味要求顺从客户，却不考虑财务部的工作量……

一时间，他像捅了马蜂窝，成了众矢之的。

场面越来越混乱，一直没有吭声的总经理再也沉不住气了，非常生气地说：

"市场部提出的问题都不是问题，问题出在他们自己身上，没有摆正自己的位置，也没有理解公司的发展战略。"

总经理顿了顿又对他说：

"你要负主要责任，作为部门经理，没有理解公司的战略，也没有管理好部门的员工。你回去好好反省一下。"

碰了一鼻子灰的他没有再说什么。

但是，更严重的事情还在后面。由于他的报告，公司其他部门都觉得市场部的人"不好惹"，都不愿意跟他们打交道。

一时间，市场部的员工似乎被隔离在荒岛上，进退两难。加上他又没有及时去其他部门修复关系，后来发现工作越来越不好开展，最后他不得不离开公司。

这位学员的故事引起大家的讨论，他的本意其实是好的，不过是希望大家的工作能够做得更好，但为什么结局却会这样？分析起来有几点原因：

第一，处理问题过于简单化，虽然动机没错，但没有考虑到其他部门的感受。

第二，方式和场合不对。像这样的问题，其实完全可采取私下沟通的方式，与有关部门的负责人协调解决。但是，他在公开的场合对另一个部门的不足进行指责，这样就会让人觉得很丢面子，甚至还会担心在领导心中留下不好的印象。别人反感、抵触，是很自然的事。

第三，仅仅站在自己部门的角度考虑问题，没了解其他部门做事的程序就进行指责，很容易引起别人的反感。

部门不同，做事的程序也不一样，在对其他部门并不是完全了解的情况下，就轻易进行指责，这种方式很容易引起别人的反感，而且财务部门效率的高低，有时候会有一些变数，有一些是客户本身的原因造成的。因此在这种情况下，对别人随意进行指责，结果当然是可想而知。

总结起来，就是这位市场部经理在不合适的时间，不合适的地点，用不合适的方式，说了不合适的话。

那么作为部门领导该如何避免这样的事情发生呢？

第一，要冷静对待员工对其他部门的意见，分清什么是理性的建议，什么是抱怨。

抱怨是情绪化的发泄，作为管理者可以理解和疏通，但绝对不可直接把员工的抱怨带到其他部门去。

第二，光听一方面的观点是不够的。当本部门的员工对其他部门有意见时，可以先向对方了解有关情况，避免因为不了解情况和做事方式，对别人进行无端指责。

第三，提意见要分场合。在领导面前对别人提意见，就有了对簿公堂的感觉，当然会引起别人激烈的反应，所以最好不要采用这种方式。

第四，要分清意见的对象，最好对事不对人，即便要对人，也要有针对性，不能一竿子打翻一船人。

第五，如果与其他部门产生了矛盾，要积极沟通，化解矛盾，而不能任由矛盾发展，更不能一走了之。

总之，作为部门领导，思考要周全，做事要谨慎，这样才能给自己的部门创造好的工作空间，也才能使自己的工作顺利进行。

二、要大团队，不要小团体

要超越自己的部门，就得以"大团队"的思维做事，而不能形成"小团体"。因为单位或组织的成功，往往不是一个人的努力，也不是单独哪个部门的成果，而是整个单位和组织齐心协力的结果。

（一）有奉献精神，绝不"各扫自家门前雪"

有这么一句流传久远的话：

"各扫自家门前雪，莫管他人瓦上霜。"

这是一种只从自己角度考虑问题的做法。对一个优秀的干部而言，这样的做法是绝对不足取的。

每个部门承担不同的责任，也依赖其他部门而生存。如果每个部门都只考虑自己，那么单位只能是一盘散沙，当组织的利益都无法保证的时候，又怎么能够实现部门和个人的利益？

所以，最好的中层是没有门户之见的中层，他们往往能够从部门的小我中超越出来，从整体的角度出发，考虑别人的同时，也成全了自己。

红军在"创业"的最初阶段，面对国内外敌人的进攻，如果不是靠各部队间的相互照顾，相互关心，就不可能度过最艰难的时期而取得最后的胜利。

1935年中央红军翻雪山、过草地到达陕北，与徐海东的红十五军团胜利会师时，已是这一年的冬季。红军转战一年多，万里长征的山山水水，穷到整个部队找不到一件完好的衣服，更不用说过冬的棉衣了。

一天，中央红军负责后勤工作的干部杨至成找到徐海东，从衣兜里掏出一张毛泽东亲笔写的纸条，要向红十五军团借2500块钱，以便解决中央红军的吃饭、穿衣问题。

看到毛泽东的借条，徐海东心里不安起来。他埋怨自己只注意到中央几位领导同志衣服单薄，却没想到应该拨出一部分款送去。

徐海东连忙叫来查国桢部长，对他说：

"我们那7000块钱留下2000块，拿出5000块，送给党中央。"

查部长听说要他拿出5000块钱，呆呆地站着，一时竟说不出话。因为当时的资金特别紧张，一分钱都恨不得掰成两半花。

现在，军团长一张口就要送走5000元，真像是要割他身上的肉！

但他毕竟是位入党多年的老同志，很快就明白军团长这么做是对的。一个共产党员，一个红军干部，不能只想着自己的小单位，要讲大局，顾大体。查部长只说了一声："我这就去办。"就匆匆钻出了窑洞。

作为革命大家庭的成员，一路红军给另一路红军送几千块钱，本不算什么大事，可在当时两路红军钱财都很困难的时候，这一举动就显得特别难能可贵。

直到过了好多年之后，毛泽东还记着此事，感慨地说：

"那时候，多亏了海东的5000块钱啊！"

徐海东顾全大局，在关键时刻，没有只顾"扫自己门前的雪"，而是给中央红军"雪中送炭"。这种为整个组织勇于奉献、走出部门主义的做法，体现的正是一流干部的思想境界。

(二) 少一点"山头主义"，多一点"大局意识"

对于任何组织来说，都必须形成一个真正的整体。

不管来自什么样的部门或单位，既然是一个整体，就必须有强烈的大局意识。不仅自己不要有"山头主义"，也决不允许自己部门的任何人有"山头主义"。

第二次世界大战期间，艾森豪威尔担任盟军总司令。盟军是由多个国家的军队组成的，难免会产生一些矛盾。

在北非战争中，一个美国士兵和英国士兵发生了矛盾，两人对骂起来，甚至动了手，结果两人把状都告到了艾森豪威尔那里。

艾森豪威尔是美国人，但他并没有护短。恰恰相反，在与两人面谈之后，他让英国士兵先出去，然后回过头来，严厉地训斥了那个美国士兵：

"你叫谁'狗杂种'都没问题，但是我决不允许你叫'美国狗杂种'和'英国狗杂种'，可是你现在却叫了。为此，我准备把你送回国：乘慢船回去，并且没有人保护你。"

然后，艾森豪威尔把这件事情通报全军，以警示大家。

艾森豪威尔的做法，是公正而且考虑全面的。正因为有这样的大局意识，并处事公正，才能树立领导真正的权威，让更多的人佩服和听从自己。

（三）步调协调，不要"各吹各的号"

大团队是一个整体，那么，在具体进行工作的时候，就要格外注意步调一致，千万不要"各吹各的号""各唱各的调"。

事实证明，部门间协调得越好的单位，发展就越好，而各自为政的单位，结局却恰恰相反。

通用电气公司一大绝招——群策群力。这个绝招格外强调打通部门之间的壁垒，学会资源、信息和创意共享。

这样的效果十分明显。如医疗设备部门设计了一款扫描仪，他们先在本部门使用，发现可以大大降低事故率，是一项很有价值的技术。

医疗设备部门的经理认为这一先进技术可能对公司其他部门也有用，便与他们分享交流，果真产生了很好的效果。

后来这一技术发挥了多重功效，广泛地运用于各部门及其产品上，从而使整个通用电气提高了工作效率。

毫无疑问，分享与协作之间具有正相关性。

协作的意识越强，分享的范围就越广，分享的内容也越多，对团队的作用也越大。

因为团队成员相互协作，大家才乐意与他人分享点子、经验、知识和成果；而通过彼此有效的分享，又能达到更好的协作效果，并发挥出更大的协作力量，从而更好地完成共同担负的任务。

与此相反，我们来看一下如果"各吹各的号"，会有什么后果。

有一家食品公司，即将推出一款新口味的饼干。为此，公司发起了一轮又一轮铺天盖地的广告轰炸，各地顾客都翘首以盼，但该产品却"犹抱琵琶半遮面"，在很多市场中迟迟不肯露脸。

人们起初以为，该公司是想吊足顾客的胃口，故意拿架子不放货。

后来经了解才得知，由于该公司市场部经理太性急，跑得太快了，没有与生产部和销售部协调沟通好，便擅自采取行动，致使产品供应不足，铺货跟不上，导致许多地方根本无货可上。

结果，这场轰轰烈烈的广告空袭变成了无效行为，白白耗费了公司大量广告费用不说，还让客户有被戏弄之感而引发强烈不满，使企业品牌形象大受损害。

部门与部门间都是唇齿相依的，作为部门的负责人，不能仅仅考虑自己的利益，还要善于合作和协调，兼顾其他部门的利益和组织的整体利益，这样才能创造出最大的效益！

（四）掌握部门或同事之间协调的技巧

工作离开不了同事的配合，也离不开部门之间的沟通协调。那么，掌握有关协调的沟通技巧，也是很必要的。其中，对于需要共同完成的任务，把握沟通的"三要法则"，就很实用。

第一，工作流程和各自职责，要提前沟通。

1. 这次任务的内容是什么，要达到什么标准和要求？
2. 先做什么，后做什么，还是同时开始做？
3. 每个人具体负责什么？
4. 各自完成的时间？
5. 该和谁对接？

可以将以上各条形成文字，发到所有相关人手中，以保证信息传达的准确和防止出现遗漏。

第二，当任务有调整时，要及时沟通（如客户的需求变化、领导的想法有调整）。

第三，出现问题时，要及时沟通（如由于各种原因，无法按时完成）。

三、培养环境的"第三只眼"

（一）关注"你"与"我"不够，还得关注环境

"第三只眼"指的是：

第一只眼睛看自己，看清自己的长处与短处；

第二只眼睛看对象，对象包括你的下级、上级、合作者、客户等；

第三只眼睛看环境，就是系统地看我们周围的所有人，以及由他们所构成的整体环境。

我们在考虑问题的时候，一定要将身处的环境考虑进去：我们的行为会给外在环境带来什么影响？外在环境又会给我们带来什么影响？这样做会引起什么样的后果？

我们先来看看北宋大臣吕夷简是怎样注重环境的"第三只眼"的。

吕夷简在做宰相的时候，一次，仁宗病了很久，好不容易有了点起色，仁宗立即召吕夷简觐见。

一直牵挂皇上的吕夷简，在接到召见的圣旨以后，不慌不忙地迈着方步，慢慢地走进了皇宫。

仁宗本以为吕夷简很快就会出现，但是左等右等，半天才见他露面，因此不免有些心焦，于是责问他：

"你怎么这么久才来？难道你不想见朕吗？"

吕夷简拜倒在地，说：

"皇上病了这么久，我一直非常想念，接到圣旨恨不能立刻飞进皇宫。可我不能这样做，因为整个朝廷上下都非常关注皇上的病情，如果我一路飞奔到皇宫，可能会引起一些人的猜疑，以为皇上是不是出了什么事情？这样一来，可能会引起一些不必要的骚乱，甚至还可

能引发叛乱。所以，尽管我内心非常急着见皇上，但还是要显得非常安稳，这不是不思念皇上，而是为了替皇上稳定人心啊！"

仁宗一听，觉得非常在理，也很感动，从此对吕夷简更加信任倚重。

作为中层管理者，一举一动都是下属关注的焦点，因此在做事的时候一定要把握分寸、关照周围的环境，以免引起一些不良的连锁反应。就如同吕夷简一样，如果他慌慌张张见驾，很可能就会引起骚乱，带来不必要的麻烦。

由此可见，在做事情时培养环境的"第三只眼"是很重要的。

（二）时刻警惕是否与大环境协调

奇瑞公司曾发生一件事：销售公司的经理离职，一时成为社会关注的焦点。

这位经理和汽车打交道8年，深谙行业的各种操作手法，业务不可谓不精。

但是为什么这样一位有能力的干部最后却离职了呢？

原来，这位经理出任奇瑞汽车销售经理以后，进行了大幅度的宣传活动，一时间奇瑞成为大众的焦点。

这样做当然会起到增加奇瑞知名度的效果，而且也增加了奇瑞的市场占有率。

但是，却还有一个副作用，却是这位经理始料不及的。

过度的宣传，使奇瑞面对的压力超过了它的承受力，而且这位经理的工作方式让奇瑞在业界看来显得比较膨胀。

当时"年轻"的奇瑞所要面对的是德国大众、美国通用以及上汽集团这些业界元老，本该"谦恭"的奇瑞却在这位经理的策划下，表现得有些不可一世。

这必然会引起矛盾，如果这样继续下去，很可能陷奇瑞于很被动的境地。

这些当然都不是奇瑞领导层想看到的。

更重要的一点，在这位经理的操作下，奇瑞的宣传略显冒进。

根据当时奇瑞自己的报道，奇瑞的新品汽车旗云，即将有120辆出口叙利亚，且已经与叙利亚签订出口协议，而且这是奇瑞第七次顺利出口。

但实际情况却不是这样。当消息对外公布时，奇瑞公司相当一部分人还没有听说过此事，而且当时正在与叙利亚方面进行谈判，双方仅仅达成了此次合作的意向，事情并未成定局。

"提高公司的形象固然是好事，但这件事做得有些急躁了。"奇瑞高层的一位领导说，"现在事情是成功了，但如果合作没有成功，奇瑞就会骑虎难下。"

就在这一连串的副作用下，这位经理最终不得不离开奇瑞。

诚然，把自己的品牌做热，提高产品知名度，这都是一个销售经理该做的，如果单从销售的角度看，这位经理可以算得上是一位出色的中层。

但仅有这点是不够的，销售策略再好，也要和周围的大环境相吻合和匹配，否则最终还是会惨遭失败。

让我们来分析这位经理失败的原因：

（1）没有考虑到整个汽车市场，缺乏对业界的整体认知。

（2）没有考虑清楚企业在市场上的位置，盲目做出了决策。

（3）没有考虑自己的部门会给公司带来的影响，而是仅仅从部门的角度来做出决策。

基于上述原因，导致了这位本来踌躇满志的经理，最后却铩羽而归。

这不仅对这位经理,而且对于奇瑞,都是一个不小的损失。

有才华是所有高层对于中层的期望,但是,中层在展现才华的同时也要有大局意识,要时时反问自己一句:这件事对部门来说确实很好,但对于整个组织来说呢?它和整个大环境是不是相匹配?会不会引起一些不好的反应?

如果能够想清楚这些问题,那么在实际的操作过程中就会很好地把握分寸和尺度,既不冒进,也不固步不前,而是在稳健中不断地发展和超越。

第三章　超越你的位置

- 一、单位只为你的"使用价值"买单
- 二、赢得上级重视的"三于"理论
- 三、不仅满足要求，更要超乎期望
- 四、标准要高，姿态要低

"我身边的很多同事发展都不是很顺利,不是被调职,就是得不到上级重用。我怎么才能很好地保持住自己中层的职位呢?"

"中层很难发展,基层员工想要往上升,工作激情比我们大;高层领导有更多的优势继续发展。只剩下我们这些中层,夹在中间进退不得,可能长久没有发展,甚至稍有不慎,就有可能被降职或者调职。"

……

上述问题,其实就是让许多中层管理者纠结的问题:

遭遇了职业瓶颈,无法继续上升与发展。

那么,中层干部该采取怎样的方式,超越你的位置呢?

一、单位只为你的"使用价值"买单

要超越自己的位置,首先要在思想上观念上有大的突破。我认为,十分重要的一个突破,就是要明白单位最器重你的什么,最在乎你的什么。

(一)"价值"重要,"使用价值"更重要

我们先来看一个经济学博士的经历。

这位经济学博士是我的学员。从我第一次接触他开始,就觉得他很有学识。

但是,让人难以理解的是,他在毕业后的三年里,走马灯似的换了好几个单位,但每次又因为这样那样的原因待不下去,最后只好辞职。

他很苦恼,于是问我:

第三章 超越你的位置

"吴老师，我觉得自己工作非常努力，可为什么单位总是对我先热后冷，最后一点也不认可我呢？"

然后，他讲述了自己的经历。听了之后，我终于明白了他为什么会坐了3年"冷板凳"——他的心太满了，整天活在"经济学博士"的光环中，结果连职场发展的基本规则也没有掌握。

这位学员博士毕业后便开始找工作。刚开始时，应聘单位一听说他是博士头衔，都争相聘请他。

于是，他选择了其中一家不错的单位。但刚到单位第一天，他就颇不满意。因为没有人专门接待他，领导只让一位同事帮他安排了住宿。

他有种受冷落的感觉，心中有些愤愤不平，觉得自己一个博士生，单位居然一点都不重视。

带着这种情绪开始工作，自然就免不了处处挑剔。这样一来，手中的工作迟迟也没做出什么实质性的成果。

就这样过了三个月，单位对他的态度急转直下。因为没有创造出价值，领导对他的能力开始产生了怀疑。

不仅如此，因为过于骄傲不合群，同事也疏远他，不愿和他一起做事。

后来单位将他安排到新成立的分公司当经理。这家公司是和别人合作，对方出技术，他们公司出钱。

可在双方合作中，他的态度始终非常高傲。他认为那样的技术很平常，哪里都找得到，于是常常流露出瞧不起对方的样子。

最后，双方的合作没有成功，大家不欢而散。分公司也因为他不善管理，没有创造效益而被撤销。这样一来，他自然也就被公司辞退了。

后来他又到了另外一家公司当部门经理。吸取了上次的教训，这次他表现得对谁都很客气，但从骨子里，他还是谁也瞧不起。

抱着这样的心态，工作自然还是做不好。没多久，他又一次被辞退。

之后，他又去过几家单位，但每次都是大同小异，过不了几个月就被辞退。

听完了他的讲述，我对他说：

"其实你的发展，是被'经济学博士'的光环给葬送了。你从来没有空下心来，仔细想想职场发展的基本规则是什么。"

"什么？职场发展的基本规则？"

很显然，这是一个他从未想过的问题。

我换了一种方式问他：

"换句话说，你认为单位是根据什么给干部和员工'买单'的呢？"

他想了想，说：

"根据每个人的能力。"

我对他说：

"你讲得有一定道理，但不全对，甚至有很大的误区。"

他疑惑地问：

"为什么？"

我告诉他：

"你用的是价值导向思维，而单位却只对员工的使用价值而不是价值买单。"

听了我的话，他若有所思，但接着又问：

"难道我一个博士生，还不能为单位创造效益吗？"

我对他说：

"不一定。能力仅仅代表你的价值，而使用价值，则是你利用自己的能力，为单位创造效益的那一部分。"

"举例而言，假如你掌握了5门外语，这对你而言是很有价值的。

但是，只有你用这5门外语为单位创造了效益，单位才会为你买单，如果你根本没用这5门外语为单位创造效益，那么就绝不会有一个单位为它们买单。你说对吗？"

这番话让他茅塞顿开：

"我现在终于明白自己坐冷板凳的原因了。我总觉得自己是博士生，有学识，理所当然应该得到单位的重视，却没有想到重视是建立在脚踏实地为单位创造效益的基础上的。"

"现在我明白了，职场发展的基本规则，就是重视使用价值，凡是能体现自己使用价值的地方，就该努力去做；凡是影响自己发挥使用价值的地方，不管是观念、个性，还是其他方面，都要尽力排除掉。一句话，要'倒空'自己，轻装上阵，最大限度体现自己的使用价值！"

从那以后，他一改过去高高在上甚至咄咄逼人的个性，也没有了怀才不遇、怨天尤人的情绪，而是变得脚踏实地，处处为单位着想，发挥自己的才能去为单位创造价值，并处理好与方方面面的关系。

现在，他已经是一家上市公司的常务副总裁，成了一个在方方面面都很受欢迎的高级管理者。

经济学博士坐了3年冷板凳，这在职场中其实带有很大的普遍性。很多人都因为没有弄懂"单位只为你的使用价值买单"的基本规则，结果导致了职场中的种种问题。

从"价值"转向"使用价值"，是一个员工也是一个中层突破的关键点。在这方面其实有很大理论依据。

现代管理学之父德鲁克在其著作《卓有成效的管理者》中，明确提出"管理者应该对管理的有效性负责"，那么"有效性"主要体现在哪里呢？其中，很重要的一点就体现在"别人是否利用了你的贡献"。

明白了这点，你就得经常在"使用价值"上下功夫了。

（二）重视单位的需要，不断提高"使用价值"

因为"使用价值"往往是由单位来做评判的。那么，如何提高"使用价值"，也要更多围绕单位的需要展开。

在这方面，从普通员工成为青岛啤酒董事长金志国的发展经历，应该能给我们的干部一些启示。

金志国刚开始参加工作时，只是一个洗酒瓶子的工人。在他的自传《一杯沧海》中，讲述了自己的发展是如何围绕单位的需要，提升自己的"使用价值"的。

他高中毕业后被分配到国营青岛啤酒厂。刚进厂的时候做过洗瓶工、锅炉工，尽管是最底层的工作，但他的心态是：干哪一行就要把哪一行做到最好。

拿洗瓶子来说，他要求自己必须在一年时间内做到最好，最后做到一次可以拿12个瓶子的程度；做锅炉工时，他把别人喝茶、聊天的休息时间都用来学习，而且一直保持着看书的习惯，他看书是为未来做知识储备。这样的学习习惯，使他在技术理论和操作经验上都比同龄人强。

这时候，一个机会出现了。工厂进行干部改选，组织部门希望他去担任一个重要部门的负责人，要是一般人可能会欣然接受这个晋升的机会，可是金志国却出人意料地放弃了，作出这样的决定，是因为他觉得自己文化水平不够，仍需学习。

于是，他报了上海的华东电力学院，学了一个热工的函授课程，虽然没有学历，但是他知道至少能够学到技术。后来，他又考进了电大，学习劳动人事管理专业。上大学，这也成了他人生中关键的一步。当他读完大学回到单位后，他就有了更大的竞争力，因为他可以以知识武装自己，更好地开展工作，同时由于单位越来越重视知识型干部，这一点，也为他被器重打下了良好的基础。

在工作中，谁都希望有好待遇，这个好待遇包括权力、职位、福利，也包括安逸舒适。这些我们并不是不要，我们需要警惕的是"一切都向好待遇看齐"心理，更不能因为有了好待遇，就觉得从此可以高枕无忧了，再也不去学习和努力。因为，好待遇管的往往只是一时，而好学习却能管用一世。

我们再来看金志国是怎么做的。在自传中，他写了这样一段经历：刚毕业时，他被调到供销处工作。当时供销处权力很大，因为啤酒供不应求，很多人需要走后门、批条子拿酒。当时每天都有人请吃请喝，但是刚干了三个月，他就要求转岗，去干一般人都不想干的调度工作。

别人觉得无法理解，但金志国有自己的想法：干调度能使自己在整体上掌握全厂的综合系统，锻炼平衡、指挥、协调和调度的能力。通过做调度工作，他统筹和协调全局的能力大大提升了。

在他的自传中，他坦然承认：正是这次舍弃供销处的"肥差"，选择学习调度，为他后来不断得到重用，最终出任青岛啤酒公司总经理、董事长打下了基础。

是的，任何人，只要能像金志国这样以单位需求，来安排自己的工作和学习，就会体现越来越多的"使用价值"。这样的干部，怎么能不越来越受欢迎呢？

（三）成为"别人离不开"的人，才有真正的竞争力

要体现"使用价值"，就必须提升竞争力。

对于"竞争力"这个词，我们都非常熟悉，因为它太重要了。一个企业，如果没有竞争力，就会被市场淘汰；一个人，如果没有竞争力，就会被边缘化，成为单位可有可无的人。

在培训的时候，我们经常会要求大家做"核心竞争力三问"的回答：

我是不是这个单位不可缺少的人？

我是不是这个职位不可缺少的人？

我是不是这项工作不可缺少的人？

作为个人的核心竞争力，从哪里体现，就从单位不可缺少的人、职位不可缺少的人和工作不可缺少的人中体现。越是不可缺少，越有竞争力。

围绕增加这些竞争力做文章，你的使用价值也会大幅度提高。

二、赢得上级重视的"三于"理论

我在给中央直属38个部委的领导做培训时，发现中央某机关的局长，是一个非常年轻的干部。为什么他这么年轻就能成为局长呢？

当我与他交流，问他有什么成功的秘诀时，他提出了成功的"三于理论"。

何谓"三于理论"？

即：精于业务；善于总结；善于汇报。

这三条，其实也是格外能得到上级重视的三点，我们且来分析。

（一）精于业务

即对自己的业务必须要熟练、专业，不能做外行管理内行的领导。

这其实是要有一种称职心态：改"一定努力"为"一定得力"。

一些人工作很努力，整天早来晚归，忙得不可开交，但日复一日，

第三章 超越你的位置

年复一年,进步不大,成绩也不显著。为什么会这样呢?

这是因为,他们没有搞清楚一个基本的概念:"努力"不等于"得力"。得力往往与"称职"有关。什么叫称职?就是你所做的,和这个职位对你的要求相符合、相一致。要称职,就要明白,"努力"不够,"得力"才行。

努力加上得力,工作才能做到位,也更能让领导与大家满意。

我曾几次应邀去著名的九阳集团做培训,在和培训经理李雅慧接触的过程中,我发现她尽管很年轻,但无论是说话还是做事,都非常专业和出色,可以说是我接触过的培训经理中最优秀的人之一。

在交谈中,我了解了她的成长故事。

她大学毕业刚刚三年,来九阳之前,她在另外一家企业从事人力资源工作。

因为学的不是相关的专业,她开始时对这一行并不了解,工作起来也比较吃力。好在她遇到了一个非常好的领导,一直在鼓励她不断超越。

谁都知道,做人力资源,必须要跟人打交道,要有很好的组织协调和表达能力。而之前的她比较内向,根本不敢在众人面前开口。为了锻炼她,领导特意交给她一个任务,由她全权组织和主持一个活动。

一想到要站在那么多人面前说话,她简直忍不住哆嗦,真有种赶鸭子上架的感觉。有好几次,她都想去找领导,说这个活动自己做不了,还是交给别人。

但她又一想,既然选择了做人力资源工作,这一关就非过不可。现在过不去,可能永远都别想过去。

抱着这样的心态,她一咬牙就上了台。结果发现,事情并没有她想象的那么难。有了第一次后,她感到越来越熟练、越来越有自信。

后来，单位引进了一套复杂的人力资源管理体系，很多人一看那么多条条框框，别说是一般的员工，就算是做人力资源工作的人，都觉得这也太枯燥、太难了，所以没有几个人认真去钻研和实行。

但她却不一样，她想，既然单位花钱引进这套体系，肯定有它的价值。于是利用工作之余，每一条每一款，她都认真研究，甚至到最后都能背下来。

就是这种自我挑战的精神，让底子本来比较薄的她很快就超过了别人，一些理念和做法，不要说同龄人，就是有些比她工作时间长的人，都比不上她。

也正因为如此，她才赢得了到九阳主管培训工作的机会。

在谈到自己的经历时，她说：

"工作的要求，就是自己努力的方向。不要把难当作借口，既然选择了这份工作，称职就是你的义务，你有责任培养自己做任何事情都'得力'的素质。"

（二）勤于总结

我们常说"失败是成功之母"，但光有失败是不可能成功的。所以，还得加上一句：

总结是成功之父。

一个不会总结的人，就不能从自己过去的经历中吸取教训并不断超越。

最优秀的人，往往都是能够从成功中获取经验，从失败中吸取教训，不断提升自己的人。

不仅如此，在现实中我们常常可以听到许多人夸赞一个干部有水平："他的总结能力很强。"总结水平的高低，其实也是人们评判中层干部水平的一个重要标志。

如何做好总结，可以在如下方面努力：

第一，善于概括，学会"一语中的"。

总结的价值，就是概括能力要强，即以最短的话概括出最丰富和最有价值的内容。

最好的总结，往往"一语中的"。能用一句话表达清楚的，千万不要用两句话。

精炼更精炼的结果，必然会产生美，而且往往一句话胜过千言万语。

这并不需要很高深的学问，也并非需要很高层次的领导才能做得到。

冯振波是福州电业局送电部带电班班长，曾获得全国职工职业道德"十佳标兵"及"全国五一劳动奖章"，他就很善于琢磨怎么"一语中的"。

一次，兄弟电业局的人员在一次带电作业中，因翼型卡具的插销脱落而造成从铁塔上摔下受伤及母线短路的重大事故。这引起了冯振波的高度重视，他觉得有必要给大家敲警钟，于是就组织大家分析事故原因，并且总结出两句格言：

"蛮干者拿着生命去换教训，聪明人应借教训来保平安！"

"宁思百种措施，不走一步险棋。"

大家马上就牢牢记住了这两句话。这两句话虽然直白，但其中的道理却很深刻。大家在冯振波的带领下，一起研制出翼型卡具保险装置，使安全系数达到了100%。

我们不妨比较一下，是说"你们就是要提高安全意识""要时刻小心"有用，还是说这样的格言更能让人记住？结果自然是不言而喻的。

第二，用大白话讲大道理。

不少人认识上有一个误区，认为要体现自己有思想，就必须显得深奥。其实，他们没有想明白：深刻是思想的内核，而深奥仅仅是表达方式而已。

毫无疑问，有些深刻的内容，其表现方式往往也是深奥的，如爱因斯坦的相对论。但是，我们中层干部从事的工作，绝大部分是与普通人打交道。而普通人是难以听懂深奥的语言的。如果你非要以深奥的方式去表达，他们不仅不接受，反倒会很排斥。

那么，我们该怎么办呢？不妨学习下毛泽东的语言艺术，也就是用大白话讲大道理。

大白话就是让人一听就明白是什么意思的话，大道理是一些重大的原则和理论。大道理本来就很深奥，难于理解，如果在表述上还很深奥的话，可能别人就算听了也不会明白和理解，但是，用大白话来讲就浅显易懂了。

毛泽东的语言之所以深受欢迎，让人一听就记得住，奥秘就在这里。如"枪杆子里面出政权""是党指挥枪，不是枪指挥党""农村包围城市""星星之火，可以燎原""扫帚不到，灰尘照例不会自己跑掉""不拿群众一针一线"等等。

看看这些语言，其思想难道不伟大吗？难道不深刻吗？其伟大和深刻，到了可以治国安邦，可以治党治军的程度。但是，他偏偏没有采取深奥的方式，而是全用大白话，"白"到了一个最没文化的农村老太太都听得懂，普通士兵都可以理解和执行的程度。

这些大白话的好处是，简单易懂，读起来朗朗上口，不仅将人一下子吸引住，而且很难忘记，还能激发人的思考。

假如你要将"大白话讲大道理"的做法，应用于自己的工作，其实也很容易做到。分享我出差时在浙江省某公路段看到的两则安全宣传标语：

"疲劳驾驶要休息，保险赔钱不赔命。"

"开车多一分小心，家人多一分安心。"

这样的标语，讲道理浅显而传神，又充满人情味。当一个司机看到这样的标语的时候，安全意识是不是更容易树立呢？

请记住：再深刻的道理，我们也可以用最直白的方式去讲。直白的方式，不仅不影响深刻，反倒让深刻更容易在人们心中扎根。

第三，通过总结经验教训让工作不断提升。

工作要避免"爬行主义"，就要时刻总结经验，而要避免再次犯错，就要总结教训。

在现实中，有不少具体的方法。其中，海尔集团的"日清日高"方法和在我们单位试验过的"每日五问"方法，也许可供中层干部借鉴。

先看"日清日高"方法。这是海尔集团让大家每天通过总结而进步的做法。其含义是：每天都必须要有进步，今天的工作质量比昨天有提高，明天又比今天做得更好。

海尔集团有一个"大脚印"文化，是一种非常有用的手段，很好地体现了"日清日高"，中层干部不妨参考一下，在自己的团队中参考这个办法。

为了让每个员工都能及时提高自己的业务水平，每个生产车间开会的地方都有两个黄色的大脚印，员工每天都要站在上面总结自己工作情况。

业绩出色者，可以站在脚印上，对当天的工作进行总结，和大家一起分享经验；工作失误者，也可以站在脚印上，对工作中的错误进行总结，一方面获得别人的帮助，另一方面可以给其他人敲响警钟。

后来这个文化发展为"6S大脚印"文化。"6S"指的是：整理、整顿、清扫、清洁、素养、安全六项工作指标。在每个生产车间开会的地方除了有两个脚印外，还有块标注"6S"的大牌子。

每个员工都要站在脚印上按照"6S"来总结得失，以便员工有条理地全面了解自己的不足之处和要发扬的优点。这样，他们每个人每天都有进步，直到所有工作人员都达到要求。

而我们单位实践的"每日五问"，是每天下班前，不妨问自己5个问题，然后给出答案：

1. 今天我为客户增值在哪里？
2. 今天我为单位增值在哪里？
3. 今天我为个人增值在哪里？
4. 应该避免和改进的地方是什么？
5. 我将采取什么措施保证改进的实现？

这既可作为干部自我总结的手段，也可作为团队建设的手段。如果作为团队建设的手段，就可让团队成员认真填写"五问"，在每天下班前或第二天上班前交到有关部门和领导那里。

这样，就可让自己和团队的工作每天都有一点点进步。

可别小看这简单的"五问"，当它真正成为每个人的"工作准则"的时候，它所产生的影响和效果是巨大的，甚至成为每个人激发自身潜能、主动将工作做到位的最有效的保证之一。

就这么几个简单的问题，真的能产生那么大的效果吗？我们不妨来看看真实的案例。

下面是我们单位市场部一位员工的"每日五问"，现在把它摘录如下：

第三章 超越你的位置

市场部×××每日五问（2009年7月1日）

（1）今天我为客户增值在哪里？

今天，除了把我们最好的产品推荐给客户外，还及时了解到了客户目前的工作状况，并运用我所掌握的知识，给他一些温馨的提醒和建议。

如在给×××客户打电话的时候，我了解到他目前正忙于招聘，于是我跟他谈到了新员工入职后的3个危险期，也就是"232"理论，这是他以前没有听过的，尽管这个理论和我推荐的产品没有关系，但却让他感觉到了我的真诚，并主动和我谈起了他在工作中的一些事情，让我们的距离一下子拉近了。

（2）今天我为单位增值在哪里？

今天一共给60个客户打了电话，其中向×××上市公司的人力资源总监树立了本机构在中层培训做到全国领先地位的品牌形象。

（3）今天我为个人增值在哪里？

向同事学到了一种避免被客户拒绝的方法。

（4）应该避免和改进的地方是什么？

今天上午，我给两位第一次联系的新客户打电话，刚一谈到我们的产品，对方就说："我们目前不需要"，我一听，一下子就卡住了，不知道该怎么往下说了，只能任由对方匆匆把电话挂掉。这样的情况，我以前也遇到过，为什么我老是在同一个地方被卡住？下次如果再遇到这样的情况，我到底该怎么说？今天我一定要把这个问题解决。

（5）采取什么措施保证改进的实现？

利用中午休息的时间，我虚心向同事请教，甚至还给以前认识的一位做销售的老前辈打了电话，从他们的经验中我总结出下次可以这么说："我这次给您打电话，并不是要您立即选择我们的产品，只是想给您做一个备用,这样当某一天您有需要的时候,就能够想起我们恰好有这样的产品,也省去了临时找相关资料的时间和麻烦。您看是不是这样?"

另外一个老员工也对我说:"你不能显得你只是推销,而应该成为对他们有帮助的人。你可以把我们机构中许多好的思想传递给他,成为对他有帮助的人。"

为了达到最佳效果,我决定把这段话打印出来,贴在自己的桌子上,随时温习和改进。

那么,这个"每日五问"的效果到底如何呢?我们且看第二天的效果吧!

第二天上午,她给一个新客户打电话时,再次遇到上次被拒绝的情况,于是她就运用了上述说话技巧,并告诉对方:本机构一位老师前不久去河北柏林寺参禅,帮著名高僧明海方丈整理了一份开示,对当代人调适心灵很有帮助,问对方是否需要。

结果客户不仅没有挂她的电话,还很爽快地把自己的邮箱和手机号告诉了她,这样有什么新资料她都可以及时发给她。

能够有这样的突破,该员工格外觉得快乐。

尽管这份"每日五问"只有短短的几百字,但我们却能从中看到一个员工自我超越和成长的努力。"最好的成长机会是今天",一个工作真正做到位的人,绝不会允许今天和昨天一样,明天又是今天的重复,而是有每天发现自己的不足,并立即加以改正的决心。

另外,在实行"每日五问"的时候,有一点需要特别注意,那就是不能说空话、套话和含糊的话,如"今天我进步很大""不要预设前提""做事情之前要想周全"等等,而要举出实际的案例和现象,如到底做了哪些事情使我今天"进步很大"?什么事情因为我"预设前提"而没做好，我应该吸取什么样的教训？做某一件事时，只有做到了哪几点，才叫"做事之前要想周全"？

总结起来，也就是"事情的描述要具体，解决的方法要具体，改进的措施要具体"，做到了这三点，那么"日清日高"就能发挥最大的效益。

（三）善于汇报

汇报是跟上级最重要的沟通能力之一。上级需要从你的汇报中掌握工作的动态，了解有关重要的信息，上级还要从你的汇报中了解你这个人，通过汇报发现你的能力以给你相应的机会，发现你的弱点以进行有效的指导。

既然汇报有这么大的价值，中层能不高度重视吗？

遗憾的是，有不少中层对此并不重视，总是等领导问才被动回答，这样的做法，不仅影响工作，也让自己的好印象，在领导那里打了折扣。所以，一个负责的中层干部，应该主动积极地向领导进行汇报。

也有一种干部，知道汇报的价值，却缺少方法，结果往往吃力不讨好。那么该怎么提高汇报艺术呢？

第一，掌握基本的汇报要领。

（1）把要达到的目的放到最前面。让领导对你希望他了解的关键，一目了然。

（2）对前面的工作做简短总结。

（3）汇报项目进行中遇到的主要问题。先汇报问题，然后是解决方法，未解决的问题提供解决方案。

（4）汇报项目进行中需要的资源及支持。

（5）汇报下一步的工作计划。

第二，尽量与领导关心的问题挂钩。

著名政治学研究专家N·哈斯在其名著《政智学》中有一段关于"汇报学的要点"，其中的第三条是：

"要写你的上司必然关注的问题。"

无独有偶。记得在与提出"三于理论"的局长交流时，有人问这个年轻的局长，怎么才能做到善于汇报时，他只说了两个字：

"对路！"

接着，他做了进一步说明：

对路，并不是要你拍马屁，而是下级也要有战略思维，要像上级那样站在全局的高度去思考问题，分析他会对什么格外关心。

这样，就能把自己的工作，与单位的战略和领导关心的问题挂钩了。你汇报的内容，就更容易得到上级重视了。

是的，领导要听汇报的人可能很多，而时间又有限。只要抓住领导格外关心的问题，才能让你的汇报更容易引起他的重视。

第三，多一点实际内容，少一点空洞浮夸。

中央电视台的《东方时空》节目讲了这样一件事：

有一次召开政协会议，各地方的委员开始分组讨论。朱镕基总理和一些中央的领导同志分别到各组去看望委员们。

朱总理来到全国政协经济组，讨论开始不久，一位来自湖南的委员发言。他说了一大堆歌颂、称赞、拥护的话，久久不能进入实质内容。

朱镕基总理实在等不及了，就插话说：

"老乡，你就不要说那些套话了，请你尽快进入实质内容吧！"

在朱总理的提示下，后面的讨论发言都很实在。

在其他几位委员发言后，朱镕基总理开始发言。他说：

"刚才我有些不礼貌啊，打断了那位委员的发言，有点冒昧。我是着急啊，我想尽快听到你谈实质内容。"

那天，讨论会在总理的参与中开得热烈、实在、有内容。

这个小故事在《东方时空》播出以后，全国各地很多组织中的管理者都产生了共鸣。大家纷纷意识到，在过去的会议上，空话、套话太多，很长时间都进入不了实质内容。这不但影响了工作效率，也给领导的倾听带来了障碍。

第四，重点突出，紧抓关键点。

不要事无巨细、眉毛胡子一把抓。西方一些著名公司目前流行一种"一页纸报告"，就是让汇报者抓住要点，聚焦于重点问题和关键问题。

（注：关于如何总结与汇报，还可参阅本套丛书中《做最好的干部（升级版）》第五单元第一章。）

三、不仅满足要求，更要超乎期望

末流中层应付工作；

二流中层想"分内事"，做"分内事"；

一流中层想上级所不能想，做下级所不能做，不仅满足要求，还能超出别人的期望。

（一）好到出乎上级意料，就能获得上级的格外重视

做好自己的本分，这是组织对你的基本要求，也是你应尽的职责。

但是如果你想更好地发展，那么你一定要多走一步，更主动一些。

有着"全球第一CEO"之称的杰克·韦尔奇，在通用电气工作时，还只是一个中层干部。当时他在实验室工作，负责开发一种名叫PPO的新型塑料。

有一次，公司的一位副总裁要到他所在的实验室考察工作，韦尔奇的上司就安排他向这位副总裁介绍项目的最新进展。为了将介绍做到最好，韦尔奇提前一周就开始加班准备材料。

在向副总裁介绍时，韦尔奇不但分析了PPO的经济效益，还探讨了该产业中的其他所有工程塑料的前景。

最后，他还递交了一份包含一个5年展望计划的报告，与其他厂家同类产品的成本对比报告以及通用电气应该如何争取竞争优势的大纲的材料。

当看到韦尔奇的报告时，这位副总裁以及他的上司都感到非常震惊。从这两位领导对此事的积极反应中，韦尔奇明白了向别人交出超过预期的业绩将产生很好的影响。

从此之后，韦尔奇一直都做得好到出乎上级的意料，后来不断发展，最后成为全球第一CEO。

无独有偶，通用电气中另一位举足轻重的人物——约翰，他的故事也能给我们很多启发。

他也在领导分配给他的任务之外多走了一步，也正是这一步，让他迅速脱颖而出。

1997年，通用电气将约翰派到了欧洲，管理那里销售额达1亿美元的硅酮业务。尽管这算不上什么美差，但却给了他一个展示自己能

第三章 超越你的位置

力的舞台。

通用电气的这项业务虽然在全球市场上占据第二的位置，但在欧洲地区市场上只能排在第六名，主要原因是成本太高，因为原材料必须从美国进口，因此难以与当地的企业竞争。

于是，总部的高层想，如果约翰采取通常的策略，给现有客户及时交货，再发掘一些新客户，开发点新产品，一年之后把销售额提高8%~10%，他们就心满意足了。

但是，约翰却做得让他们出乎意料，他建议在欧洲建立一个新工厂，生产主要的硅酮原料，他的报价是1亿多美元，公司的回答是：

"没门儿。"

不过约翰坚持认为，一定有解决成本问题的方案，而且想出了一个颇有远见的方法。

他拓展自己的工作职责，与几家欧洲的竞争对手举行了会谈，其目的是想找到一个合作伙伴，用该公司在欧洲本地的生产能力和技术经验来换GE的全球影响和渠道。

在长达一年的谈判之后，约翰得偿所愿。通用电气与德国的拜尔公司合资成立了一家硅酮工厂，并且在新公司里占据了控股地位。

之后，这家欧洲硅酮公司在当地市场上排到了第二名的位置。在最新的一次收购行动之后，其销售额突破了7亿美元。

而约翰，也在1998年被提升为通用电气运输公司的CEO，到2003年时，则成为销售额达到80亿美元的通用电气塑料产业的CEO。

如果你也想和韦尔奇、约翰一样，登上成功的宝座，那么一定要多走一步，不要仅仅停留在那些上级期望之内的事情。

（二）超乎更多人期望，就会获得更多认可

一个人，不管是什么工作，哪怕是普通的工作，只要你能做到超乎人的期望，你就是一个出色的人。如果你能不断超越，那么你就能不断出色，就能获得更多的认可。

上海西部集团中山物业公司的徐虎，就是这样一个平凡但不平庸的人。

徐虎还不是中层的时候，只是一名普通的水电工。可是那时，他就做了很多"分外"之事，比如，在非工作时间帮助附近居民进行夜间水电急修等。他一步一步踏实地工作，因此获得了居民的爱戴和领导的重视。

后来，他升了职，出任物业分公司经理，仍然坚持做平凡的工作。但这种看似"平凡"的岗位上，依然是做得很不平凡，因为他总超乎他人的期望。

如有一次，一个幼儿园的厕所管道堵塞了，弄得屋里屋外臭气熏人。幼儿园的阿姨们谁也不会通厕所，又不知道要找谁来帮忙，一个个急得不得了。

这件事被徐虎知道了，他和两位同事一起，利用晚上下班的时间，帮助疏通厕所。虽说累得满头大汗、全身沾满粪水，但他们毫无怨言，直到管道恢复畅通。

这样的事情很多，在同事眼中，徐虎总是爱管这样一些"闲事"。在旁人眼里，这些都不是分内工作。

当徐虎的事迹传开后，有一对老夫妇听说了。他们请邻居写了一封求助信给徐虎，诉说了家中小水表冻裂漏水的情况。

老人的家根本就不是徐虎的管辖区，可当他接到信后，立刻利用星期天的时间登门了。经过修理，他解除了老人几个月的漏水之忧。

瘫痪在床的老头感动万分，眼里噙着激动的泪水。而老太太颤巍巍地执意要送徐虎到门外，哽咽道：

"我今天碰到好人了，我没有什么好东西送你，就让我给你磕个头吧。"说完就要跪下，被徐虎一把拉住。

正如海尔的首席执行官张瑞敏所言："什么叫作不简单？把每件的事情做好就不简单。"多年来，就这样通过把一件件平凡得不能再平凡的小事，做到不平凡的程度，徐虎和他的团队，在上海市几乎家喻户晓。他还先后两次受到中共中央总书记的亲切接见。

从徐虎的经历中，我们不难看出，哪怕是最不起眼的小事，能将其做到"放光"就成了大事！

能将这一点点的小事，做到经常给人惊喜，那么，得到的认可就越多，发展的机会也会越多。

四、标准要高，姿态要低

（一）不断向上走，才有新高度

这些问题，是每个中层都应该反思的。因为在很多时候，上级的做法，都是别有一番含义的。

我在中国青年报工作的时候，曾经写过一篇《杨总用人，逼你成才》的报道，并获得了全国科技人才奖。

报道说的是海南一位姓杨的企业家，他在管理上有自己独到的见解："作为一个中层，必须有'逼'自己成才、突破和发展的意识，否则就得不到任何发展机会。"

他曾经辞退过一位工作勤勤恳恳的中层主管，这位主管当时很纳闷，百思不得其解，于是跑去问杨总：

"我想不出自己做错了什么，您交给我的每一件事，我都认真对待，并且都按时完成了，您为什么还要辞退我？"

杨总问他：

"到公司任主管4个月以来，你觉得自己有什么突破和进步吗？"

这位主管想了半天，发现自己没有什么进步，以往怎样做的现在仍是怎样做。

接着，杨总又问：

"那你给公司提出过什么合理化建议，让公司也进步吗？"

他想了想，不好意思地摇了摇头。

杨总一笑，说：

"其实从你进入公司的第一天，我就已经说得非常清楚，放下以往的工作经验，从零开始。进入我的公司，就必须有突破和发展，我不需要一个循规蹈矩、按部就班的中层。既然你自己没有发展，也不能给公司带来发展，那么，只能请你离开。"

这位主管离开的时候十分感慨，本以为自己有经验，工作认真细致不出错，就能够长久地在公司发展，但直到离开的时候，才发现自己的想法和上级的想法有太大的差距。

不要认为这仅仅是对上级的不了解，而要充分认识到：在现代社会，一个中层假如对自己的工作没有较高的要求，满足于当一天和尚撞一天钟，就会越来越跟不上步伐，有可能很快被甩掉。

（二）垫高别人，放低自己

一方面对工作要有更高的要求，另一方面，对人要懂得尊重。通俗地说，就是要学会垫高别人，放低自己。

为什么这么说呢？

先让我们来看一个故事：

周星驰是家喻户晓的影星，在影片中，他常常扮演被嘲笑、被欺辱的、生活在最底层的角色。而且在他导演的电影中，你总是可以看到长得特别丑的演员。

周星驰为什么喜欢扮演那些一开始生活在底层、被瞧不起但最后却能成功的角色？

是因为周星驰希望通过自己的影片，激起亿万个普普通通、相貌平平的观众共鸣，从中找到成功的希望和自信。

这也是周星驰执导的影片能够如此成功、深受亿万观众喜爱的重要原因之一。他在放低自己，成就别人的同时，也成就了自己。

喜欢打高尔夫的朋友一定知道"Tee-up 法则"。Tee 是打高尔夫球用的小支球托，up 就是把它垫高的意思。

所有人打高尔夫球，在开杆的时候，都必须插下那个 Tee，才能把球打飞起来。

上述两个例子，都说明了一种智慧："垫"的智慧。

其实，这种"垫"的智慧能够给我们很大的启示：

无论是在与上级相处，还是和下级沟通中，都要适当地学会垫高别人，放低自己！

放低自己，垫高别人，从表面上看对自己似乎没有什么价值，而实际上，让别人显得高大，无形中让自己成了对方离不开、最有价值的"Tee"。

在"垫高别人放低自己"方面，春秋时代的晏子堪称高手。

晏子担任齐国的宰相长达 50 多年，先后辅佐过灵公、庄公和景公。

一年冬天，晏子奉齐景公之命，出使鲁国。平时晏子在的时候，总喜欢对齐景公管东管西，这下他不在国内，没有人在旁边唠叨，齐景公便征调民众，建造台阁，供他游憩之用，许多劳工因此挨饿受冻苦痛不堪。

晏子回国后，景公设宴慰劳，晏子即席高歌，答谢国君厚爱。他说最近常听到百姓唱一首歌，歌词是这样的：

"冷水刺骨，淋湿我，叫我当如何？朝廷奢靡，剥削我，叫我当如何？"

唱完，晏子长叹一声，泪流满面。景公于是起身安慰他说：

"先生为何这般悲伤？莫非是为了大台的工程？寡人下令停工就是了。"晏子退出朝廷后，直奔大台工地。

他去做什么？报告好消息？不是，晏子反而跑去鞭打那些工作不力的劳工，嘴里嘀咕着：

"平民百姓都有房子遮风避雨，现在为国君盖座台馆，你们却拖拖拉拉，像什么话？"

当时大家都敢怒不敢言，都在私底下纷纷骂道：

"晏子伤天害理，助纣为虐。"

晏子打骂完，驱车回家。他还没到家，景公的停工令下达，怨声载道的劳工如获大赦，一哄而散。

在这个案例中，晏子通过发挥自己的影响力，说服了自己的君王，将劳工从水深火热中解放出来。

但是，他最高明的地方在于，在他做出这种了不起的事情以后，把功德名声留给"老大"——景公，而将"不义"都留给自己。这一方面显示了自己的崇高，同时也显示了他超凡的智慧。

孔子听说这件事后，长叹说：

"自古以来,善于做臣子的,懂得把好名声归于国君,祸患自己承担,在朝廷上指陈国君的缺点,在外宣扬国君的优点。因此,侍奉懦弱无能的国君,仍可清静无为,让诸侯来朝拜顺服,而他却虚怀若谷,不敢夸耀。在这个时代,能做到这一点的,大概只有齐国的晏子吧!"

晏子的故事,给我们最大的启示是:作为中层,既要为基层员工负责,还得为上级负责,并且在做出成绩后,还要懂得适度地将功劳归于上级。

把自己放低,把别人垫高,反而更能显示你的价值:

让别人有了"安全感",让别人有了"快乐",让别人有了"自信",让别人有了"希望",别人才会认可自己,自己成功的路上就会有更多的助力,少很多阻力。

(三)让"标准高"与"姿态低"完美结合

干部应该是能干的,也是要有一些个性的。

但要警觉的是,如果每个人都只强调自己的个性,各往各的方向走,那么整个集体就是一盘散沙,没有凝聚力。

即使是才能再高的管理者,也要学会做一个团队人。而团队的核心文化,就是融入。不管你水平有多高,要懂得尊重人,这样,团队精神才能真正建立起来。

最好的中层,总会将"标准高"与"姿态低"完美结合。

著名的微软公司,曾经发生了这样一件事:

微软公司的副总裁鲍伯辞掉了手下一位名叫艾立克的总经理,艾立克才华过人,但却桀骜不驯、傲慢专横。

尽管鲍伯十分爱才,希望艾立克留在公司,但他不能容忍艾立克的这些毛病,带坏了自己辛辛苦苦打造出来的团队。

当时，很多技术专家都来为艾立克求情，但是鲍伯很坚定地告诉他们说：

"艾立克聪明绝顶不假，但是他的缺点同样严重，我永远不会让他在我的部门做经理。"

虽然微软的创始人比尔·盖茨出于爱才之心，主动要求将艾立克留下，做自己的技术助理，但是，这件事给一向傲慢自负的艾立克带来了极大的触动，也让他开始意识到自己的缺点和不足。

他一方面，在工作上以更高的标准要求自己，做出了更多突出的成绩；另一方面，他开始学会谦逊，尊重他人，关心他人，发挥团队的力量。

7年后，凭着自己的努力，艾立克逐步晋升为微软公司的资深副总裁，而且非常凑巧，他成为鲍伯的老板。

但艾立克并不是一个心胸狭窄的人，他并没有对鲍伯怀恨在心，反而非常感激他，因为正是鲍伯把他从恶习中唤醒，让他有了今天的成就和地位。

艾立克不仅没有报复鲍伯，反而在管理方面虚心向鲍伯请教，这时的艾立克已经懂得了怎样做一个好的管理者。

同时，鲍伯也表现得非常优秀，当艾立克成为他的上司后，他并没有流露任何不服气，而是非常积极地配合艾立克的工作，两人相处得非常融洽，一直为公司的发展而共同努力和前进。

艾立克刚开始因为无法当好一个中层管理者而被降职，后来却在做好工作的同时，学会做人而被重用。这充分说明：一个管理者想更好地发展，就必须把做事与做人结合起来。

做事要精明，为人要高明。

做事要出色，为人要谦逊。

做事要多一点光芒,做人要少一点锋芒。

懂得将做事和做人辩证地结合,就会不断发展,甚至前途无量。

本书毕。欢迎阅读《中层管理者核心能力建设丛书》的另外两本《做最好的干部(升级版)》和《做最好的执行者(升级版)》

图书在版编目（CIP）数据

做最好的中层：升级版 / 吴甘霖，邓小兰著 . —
上海：东方出版中心，2019.4
 ISBN 978-7-5473-1443-2

Ⅰ . ①做… Ⅱ . ①吴… ②邓… Ⅲ . ①企业领导学
Ⅳ . ① F272.91

中国版本图书馆 CIP 数据核字（2019）第 049335 号

策　　划：俞根勇
　　　　　方　方
责任编辑：徐建梅
封面设计：红杉林

做最好的中层

出　　版：东方出版中心
地　　址：上海市仙霞路 345 号
发　　行：东方出版中心
　　　　　北京时代华语国际传媒股份有限公司　010-83670231
电　　话：（021）62417400
邮政编码：200336
经　　销：全国新华书店
印　　刷：北京富达印务有限公司
开　　本：690×980 毫米　1/16
字　　数：250 千字
印　　张：18
版　　次：2019 年 4 月第 1 版　2019 年 4 月第 1 次印制
ISBN 978-7-5473-1443-2
定　　价：55.00 元

版权所有，侵权必究